Bienvenue à Berlin

Arriver à Berlin 3
Les immanquables 4
Nos coups de cœur 6
Berlin en 3 jours 8

Fernsehturm et Rotes Rathaus.
M. Viola/Zoonar/age fotostock

ARRIVER À BERLIN

Arriver à Berlin

EN AVION

www.berlin-airport.de

Depuis Tegel (TXL)
Uniquement bus et taxi dont les stations (réparties le long du terminal A, portes 6 à 9) sont clairement indiquées, dans l'aéroport, par des pancartes jaunes. Distributeurs automatiques jaunes pour l'achat des tickets. (Le tarif qui s'applique est AB. Le ticket doit être composté aux bornes postées devant les arrêts !) Certaines cartes bleues ne sont pas acceptées, prévoyez l'appoint. Il est possible d'acheter son billet auprès du chauffeur de bus si l'on a la monnaie.
Bus – Le plus pratique pour rejoindre l'est de la ville : la **ligne express TXL** (bus jaune, ttes les 10 à 20mn, bien équipé pour les bagages) relie en 50mn les quartiers de « Mitte ». Principaux arrêts : Gare centrale (Hauptbahnhof), porte de Brandebourg (S-Bahn : S1, S2 et S25) et Alexanderplatz (métro et S-Bahn : U2, U5, U8, S5, S7, S75).
Le **bus express X9** (jaune) dessert l'ouest de la ville, en particulier la gare de Zoologischer Garten (U2, U9, S5, S7, S75).
Plus lent, le **bus 109** permet de rejoindre la station de métro Kurfürstendamm (U1, U9).
Le **bus 128** permet de rejoindre la station de métro Kurt-Schumacher-Platz (U6).
Taxi – Env. 30mn de trajet (25 à 35 €).

Colonne de la Victoire, Tiergarten.
E. Fleisher/age fotostock

Depuis Schönefeld (SXF)
Facile d'accès grâce à la station de **S-Bahn** à 400 m de l'aérogare (lignes **S45** et **S9**), desservie par une navette gratuite. Autres options : le **bus 171**, qui permet de rejoindre la station de métro Rudow (U7), ou les **trains régionaux** RE7 et RB14 (« Airport-Express Schönefeld »), desservant Hauptbahnhof et Alexanderplatz. Attention : le tarif qui s'applique ici est ABC.
Taxi – Env. 40mn de trajet (40 €).

EN TRAIN

La gigantesque gare centrale (**Hauptbahnhof**) est au centre géographique de la ville, connectée aux lignes de **S-Bahn** S5, S7 et S75 et de métro U55. www.bahnhof.de
Plan des transports en commun au dos du plan détachable.

> ### Spécial transports
> **Horaires :** lun.-jeu. : 4h-0h30 ; vend.-dim. 24h/24 (sf U4 et certaines lignes S-Bahn). Bus, tramways et S-Bahn de nuit : 0h30-4h30.
> **Forfaits les plus intéressants :**
> **Tageskarte (1 j.)** – *Valable sur U-Bahn (métro), S-Bahn (RER), bus et tramways (zones AB) - 7 €.*
> **Berlin WelcomeCard** – *Valable sur U-Bahn (métro), S-Bahn (RER), bus et tramways (zones AB) - 48h (19,50 €), 72h (27,50 €), 5 j. (35,50 €).*

BIENVENUE À BERLIN

Les immanquables
notre sélection des plus beaux sites

Reichstag★★
Plan E 3-4 - p. 14

Museumsinsel★★★
Plan F-G 3 - p. 30

Charlottenburg★★★
Plan A 2-4 - p. 97

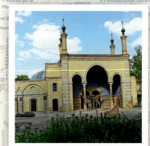

Zoologischer Garten★★★
Plan C 5 - p. 87

LES IMMANQUABLES

Gemäldegalerie★★★
Plan E5 - p. 80

East Side Gallery★★
Hors plan par H4 - p. 57

Brandenburger Tor★★
Plan F 4 - p. 19

Jüdisches Museum★★★
Plan F-G 6 - p. 62

Landwehrkanal★★
Plan GH6 - p. 66

BIENVENUE À BERLIN

Nos coups de cœur

💚 **Découvrir le sens du mot** *Frühstück* dans l'un de ces cafés cosy dont le quartier de Prenzlauer Berg a le secret. Entre les Kollwitzplatz, Helmholtzplatz et Oderberger Straße, on a réinventé l'art du brunch jusqu'à… 16h. Cool, convivial et créatif ! *Voir p. 112.*

💚 **Sillonner la ville en roue libre** pour prendre la mesure de son étendue. Comme le vélo est ici le meilleur mode de déplacement, on en trouve à louer un peu partout et les pistes cyclables sont légion ! *Voir p. 146.*

💚 **Squatter un aéroport.** Avant, pour se mettre au vert, il y avait l'immense Tiergarten et la forêt de Grunewald. Maintenant, il y a le tarmac de Tempelhof : 355 ha de liberté où l'on peut s'adonner, sous un ciel illimité, aux joies du cerf-volant, du skate, du barbecue et du jardinage. *Voir p. 72.*

💚 **Humer le parfum du vieux Berlin :** parmi les rues ayant échappé aux bombardements de 1945, il y a quelques pépites comme la Fasanenstraße qui devrait séduire les amateurs de vieilles pierres. Mais la plus profondément attachante est peut-être la Kirchgasse dans l'ancien village tchèque de Rixdorf. *Voir p. 74.*

💚 **Slalomer parmi les étals de Maybachufer.** Le vendredi, les berges du Landwehrkanal se métamorphosent en marché « bioriental » avec force épices et musiciens de rue. Bondé mais dépaysant ! *Voir p. 66.*

💚 **Rêver devant les paysages des romantiques allemands.** Les musées berlinois recèlent quantité de trésors que l'on a rarement l'occasion de voir ailleurs. C'est le cas des œuvres si magnétiques du peintre Caspar David Friedrich réunies au 3e étage de l'Alte Nationalgalerie. Entre brume et mystère… *Voir p. 32.*

Le Standbar, en face du musée Bode.

B. Gardel/hemis.fr

NOS COUPS DE CŒUR

À Kreuzberg, le Badeschiff sur la Spree.

💚 **Barboter au Badeschiff.** Berlin compte 37 piscines mais aucune ne ressemble au bassin flottant amarré sur la Spree, à la jonction de Kreuzberg, Treptow et Friedrichshain. Idéal en été ! *Voir p. 71.*

💚 **Partir sur les traces de** *Good bye Lenin !* C'est dans la Berolinastraße, derrière l'Alexanderplatz, qu'a été tourné, en partie, le film de Wolfgang Becker. Mais la meilleure adresse pour cultiver son ostalgie reste « Alltag in der DDR », où l'on peut écouter en boucle les Chants des Pionniers. *Voir p. 52.*

💚 **S'inviter chez les rois de Prusse** : en 33mn de la gare de Zoologischer-Garten, le S-Bahn vous dépose aux portes de Potsdam où les rois de Prusse avaient leurs châteaux de plaisance, leur pagode chinoise, leur quartier hollandais et leur colonie russe ! Un ensemble architectural, inscrit au Patrimoine mondial de l'humanité. *Voir p. 104.*

💚 **Prendre de la hauteur.** Pour embrasser tout Berlin d'un seul regard, rien ne vaut la Fernsehturm, la tour de la Télévision qui culmine à 368 m, mais l'accès est payant. La futuriste coupole du Reichstag, elle, est gratuite et réserve aussi un panorama à 360°. À gravir à la nuit tombée : c'est encore plus magique ! *Voir p. 44 et p. 14.*

BIENVENUE À BERLIN

Berlin en 3 jours

La capitale allemande est si étendue (8 fois la superficie de Paris) qu'un séjour de 3 jours ne vous en donnera qu'un aperçu. Plutôt que de tout voir au pas de course, concentrez-vous sur le centre historique et faites des choix parmi les musées! Vous reviendrez...

JOUR 1

▶ *Matin*
Point de départ : le plus célèbre des symboles de Berlin, la **Brandenburger Tor**★★ *(p. 19)*. De là, vous pouvez rejoindre en quelques pas le **Reichstag**★★ *(p. 14)* au nord (accessible sur réservation) et le nouveau quartier construit dans les boucles de la Spree. Revenez à la Brandenburger Tor pour arpenter l'avenue **Unter den Linden**★★ *(p. 22)* : elle vous conduira tout droit au **musée de l'Histoire allemande**★★ *(p. 25)* et son aimable café.

▶ *Après-midi*
Consacrez-le à l'**île des Musées**★★★ *(p. 30)*, inscrite par l'Unesco au Patrimoine mondial de l'Humanité. Le jeudi, ses cinq musées ferment à 20h, ce qui laisse le temps d'en visiter au moins trois. Vous préférez profiter du soleil? Offrez-vous une mini-croisière sur la Spree : il y a plusieurs embarcadères aux abords du **musée**

Dans une cour du Hackescher Markt.

BERLIN EN 3 JOURS

de la RDA★ *(p. 35)* et de la **cathédrale de Berlin**★ *(p. 35).*

▶ *Soirée*

Le temps est clair ? Direction l'**Alexanderplatz**★ *(p. 43)* et la **tour de la Télévision**★ *(p. 44)* qui offre, jusqu'à minuit, une vue panoramique sur la capitale. Flânerie et dîner dans le quartier de Scheunenviertel, autour de Hackescher Markt.

JOUR 2

▶ *Matin*

Au sortir de la station de métro Französische Straße, faites le tour du **Gendarmenmarkt**★★ *(p. 59)* puis reprenez la ligne U6 jusqu'à la station Kochstraße où vous attend **Checkpoint Charlie**★ *(p. 62),* l'ancien poste frontalier entre l'Est et l'Ouest. Pause au café du remarquable **Musée juif**★★★ (situé à 10mn de marche, *p. 62*) ou pique-nique sur les berges du Landwehrkanal.

▶ *Après-midi*

Un aperçu du « Petit Istanbul » ? Rendez-vous autour de Kottbusser Tor et sur Maybachufer où se tient, chaque vendredi, le marché turc. De là, vous pourrez prendre le pouls de « **Kreuzkölln** » *(p. 74),* le nouveau quartier à la mode. À Kottbusser Tor, empruntez la ligne U1 jusqu'à Schlesisches Tor pour enjamber à pied la rivière : au bout du pont (**Oberbaumbrücke**★, *p. 57*) se trouve le plus long tronçon conservé du Mur de Berlin, l'**East Side Gallery**★★ *(p. 57).*

▶ *Soirée*

Dînez du côté de la Simon-Dach-Straße avant de plonger dans le cœur noctambule de **Friedrichshain** *(p. 55).*

> **Et si vous restiez 4 jours ?**
> *Ce serait l'occasion de visiter le château baroque de Charlottenburg★★★ (p. 97) ou celui, plus rococo, de Sans-Souci★★★, résidence des rois de Prusse à Potsdam★★★ (p. 104). Pour finir la journée en beauté, vous n'aurez que l'embarras du choix : concert à la Philharmonie★★ (p. 83) à l'acoustique exceptionnelle, soirée reggae au Yaam, dîner dans le quartier très attachant de Prenzlauer Berg★★ (p. 50)…*

Retour au centre par la **Karl-Marx-Allee**★ *(p. 55).*

JOUR 3

▶ *Matin*

Retournez à la Brandenburger Tor pour explorer le côté ouest du centre historique. Rejoignez le **Mémorial de l'Holocauste**★★ *(p. 20)* et descendez l'Ebertstraße jusqu'à la moderne **Potsdamer Platz**★★ *(p. 75)* pour jouir de la vue depuis le Panoramapunkt et déjeuner sur le pouce.

▶ *Après-midi*

Visitez la **Galerie de peintures**★★★ *(p. 80)* au **Kulturforum**★★ et prenez, sur les berges du **Landwehrkanal**, le bus M29 qui longe le quartier des ambassades (**Diplomatenviertel**, *p. 84*). Il vous dépose au pied du KaDeWe (le rayon « épicerie fine » vaut le détour !) et de l'église du Souvenir. Balade sur le Ku'damm.

▶ *Soirée*

Faites un tour sur la charmante Fasanenstraße, avant de dîner sur la **Savignyplatz**★ *(p. 96)* pour goûter à la « dolce vita » de l'Ouest berlinois.

Visiter Berlin

Berlin aujourd'hui	12
Reichstag et quartier gouvernemental★★	14
Brandenburger Tor★★	19
Unter den Linden★★	22
Museumsinsel★★★	30
Scheunenviertel★★	37
Alexanderplatz★ et Nikolaiviertel	43
Prenzlauer Berg★★	50
Friedrichshain	55
Gendarmenmarkt★★	59
Autour du Checkpoint Charlie★	62
Kreuzberg★★	65
Tempelhof et Neukölln	72
Potsdamer Platz★★	75
Kulturforum★★	80
Diplomatenviertel	84
Tiergarten★	87
Kurfürstendamm★★	91
Charlottenburg★★★	97
Dahlem★	102
Potsdam★★★	104
Grands lacs★★	107

Vue sur la Fernesehturm, Alexanderplatz
Fotoman_65/Fotolia.com

VISITER BERLIN

Berlin aujourd'hui

On y arrive en traquant les balafres des bombardements de la Seconde Guerre mondiale, les traces de l'ancienne partition entre Berlin-Ouest et Berlin-Est, un pan du fameux Mur. Mais dans le bus qui relie l'aéroport au centre-ville, les premières images sont bien différentes : de vastes avenues bordées d'arbres, des parcs verdoyants, des quartiers aérés… La circulation est fluide ; cyclistes, piétons et poussettes font partie de la carte postale. Les transports en commun, fiables, propres et fréquents, vous propulsent d'un quartier à l'autre avec efficacité. On ne ressent pas le stress des autres mégalopoles, Londres, New York ou Paris. Et c'est peut-être la plus grande surprise de tous les visiteurs qui viennent ici pour la première fois : Berlin, la ville-symbole de la guerre froide, l'immense chantier en devenir, la capitale de l'Allemagne réunifiée, s'annonce d'abord comme une capitale de l'art de vivre.

Passer un week-end à Berlin, c'est bien sûr aller à la rencontre de l'Histoire avec un grand H et de ses soubresauts tragiques. Au panthéon de l'histoire du 20e s., la cité allemande tient une place à part, celle d'une ville pivot où s'est cristallisé le destin du monde occidental. Mais passer un week-end à Berlin, c'est aussi être porté par une immense énergie, celle d'une ville avide de rattraper le temps perdu et d'honorer à nouveau sa fonction, celle de capitale de l'Allemagne.

Quelques jours suffisent à effleurer cette réalité en forme de grand écart. Nous vous conseillons de consacrer vos premières heures au quartier de **Mitte**, le cœur historique de la ville. Tissé de plusieurs *Viertel* (quartiers) et de *Kiez* (micro-quartiers) aux ambiances bien distinctes, Mitte compose un patchwork qui vous entraîne à travers le temps.

À l'extrémité ouest, voici le **Reichstag** new-look, le siège du parlement de l'Allemagne réunifiée. Quelques pas encore et vous voici le long de la plus prestigieuse avenue de la ville, **Unter den Linden**. Bordée par des édifices du 18e s., elle bute à l'ouest sur la **porte de Brandebourg**, l'arc de triomphe édifié en 1795 où s'est joué le dernier acte de la chute du Mur, en novembre 1989. Tout proche, voici le **mémorial de l'Holocauste**, comme une leçon léguée aux générations futures. À une dizaine de minutes de marche débute la **Friedrichstraße**. Jadis située dans le champ de mire de l'US Army postée à **Checkpoint Charlie**, elle a depuis été colonisée par de luxueuses boutiques, comme pour faire renaître la pittoresque artère commerciale des années 1920. On ne peut rêver de meilleure introduction à la ville que cette extraordinaire promenade, concentrée dans un périmètre relativement restreint.

À Berlin, il ne faut jamais hésiter à flâner, explorer, pousser les portes des arrière-cours. À la fois immense chantier et musée d'histoire à ciel

BERLIN AUJOURD'HUI

ouvert, Berlin mêle les vestiges du passé prussien et les immeubles flambant neufs de la reconstruction. Ceux-ci sont particulièrement hauts et fiers à **Potsdamer Platz**, où la fine fleur de l'architecture mondiale a édifié des centres commerciaux et des gratte-ciel du 21e s. sur l'ancien *no man's land* hérité de la Guerre froide. À l'ouest, la foule prend d'assaut le **Kurfürstendamm**, très célèbre avenue commerçante qui formait avec le quartier chic de **Charlottenburg** le centre de l'ancien Berlin-Ouest. Vous pourrez y profiter du plus vaste espace vert de la ville, **Tiergarten**, qui s'étend jusqu'à la porte de Brandebourg. L'**île des Musées**, entre deux bras de la Spree, est d'une stupéfiante richesse et un must : ses musées prestigieux, en cours de réorganisation, constitueront bientôt l'un des plus riches ensembles muséaux du monde. Le **musée de Pergame** en est un des plus beaux fleurons.

Il faudrait plus d'une vie pour épuiser les trésors des autres musées berlinois, éparpillés dans tous les quartiers. Hors de l'île des Musées, les coups de cœur ne manquent pas : la Galerie de peintures et la Nouvelle Galerie nationale du **Kulturforum**, le **Musée juif** de la Lindenstraße, le Musée ethnographique de **Dahlem** (situé dans les arrondissements ouest du grand Berlin)...

Finalement, votre plus grand souci du week-end sera de choisir. Et de vous coucher ! Car Berlin se déguste aussi la nuit. C'est la ville des concerts et des spectacles, de la musique savante et du théâtre engagé, de la fête et de l'électro, des galeries d'art et des résidences d'artistes. L'avant-garde s'y trouve de nouveau chez elle, à **Kreuzberg**, bien sûr (le quartier « alternatif » au temps de Berlin-Ouest), dans le nord de **Neukölln** aussi, et dans deux anciens quartiers de Berlin-Est, **Prenzlauer Berg** et une partie de **Friedrichshain**. Gelés par la guerre froide, ignorés par les autorités est-allemandes qui se sont plutôt investies du côté d'**Alexanderplatz** ou de **Nikolaiviertel**, ces deux *Viertel* tricotent un charme bohème. Le bouillonnement créatif post-réunification s'y est quelque peu tari, mais les squats et les bars clandestins qui subsistent ont gardé une vraie énergie. Cafés, restaurants, marchés et boutiques y déclinent une douceur de vivre, qui en fait le QG des bobos et des hipsters. Friedrichshain abrite aussi le plus long tronçon de l'ancien Mur, l'East Side Gallery, livré aux artistes après la réunification et rénové en 2009.

L'art de vivre après la guerre, voici l'un des symboles forts que nous lègue Berlin. La capitale allemande n'a pas le charme romantique d'autres cités germaniques. Elle n'en a pas besoin, rétorquent ses fans. À vous de voir maintenant...

Le découpage administratif à Berlin
Depuis 2001, la ville est découpée en 12 arrondissements ou « Bezirks » et 96 micro-quartiers ou « Ortseil ». Le plus souvent le « Bezirk » porte le nom de sa sous-division la plus centrale, comme Mitte, par exemple.

Reichstag et quartier gouvernemental★★

À la fin des années 1990, des milliers de fonctionnaires et de wagons remplis d'archives ont quitté Bonn, la capitale de la RFA, pour s'installer à Berlin, capitale de l'Allemagne réunifiée, dans un quartier gouvernemental flambant neuf, qui déploie au détour de la Spree d'audacieuses et fascinantes constructions de verre et de béton. L'une d'entre elles est même devenue une attraction touristique majeure : l'ancien Reichstag, surmonté d'une coupole transparente quasi futuriste, qui s'illumine dès la tombée de la nuit.

▶**Accès** : Ⓢ 1,2 Brandenburger Tor, Ⓤ 55 Bundestag, Hauptbahnhof' Ⓤ Naturkundemuseum Tram M85 Bus 100 Platz der Republik, Reichstag.

Plan de quartier p. 26-27. Plan détachable E3-4, F3-4.

▶**Conseils** : pour des raisons de sécurité, la visite du Reichstag n'est possible que sur réservation, *via* le site Internet. Mieux vaut vous y prendre longtemps avant votre départ. Solutions de repli : tentez votre chance au guichet de la Scheidemannstr. ou réservez une place au restaurant qui coiffe le Reichstag (♿ *« Nos adresses » p. 110).* Vue impressionnante garantie, sans faire la queue.

REICHSTAG★★

E3-4 - Platz der Republik 1 - ☎ 227 321 52 ou 227 359 08 - www.bundestag.de - ♿ - visite de la coupole tlj 8h-23h (dernière entrée 22h) - fermé 24 déc. et 31 déc. apr. 16h - gratuit (y compris l'audioguide) - sur réservation uniquement, via Internet (au minimum 3 j. à l'avance) ou sur place, au guichet « Anmeldung Kuppel » situé Scheidemannstraße – pièce d'identité obligatoire.

En 1871, lorsque Berlin fut promue capitale de l'Empire allemand (Reich), aucun bâtiment de la ville n'était suffisamment grand pour accueillir « l'Assemblée du Reich » (Reichstag). L'architecte Paul Wallot se vit alors confier le soin d'édifier un palais monumental (1894), qu'il dota de tours d'angle symbolisant les quatre royaumes de l'Empire (Bavière, Saxe, Prusse et Wurtemberg). Dédié « au peuple allemand » comme le rappelle le fronton *(Dem deutschen Volke)*, le Reichstag a connu bien des tourments : incendié en 1933 (♿ *encadré p. 16)*, détruit durant la guerre, il finit par se retrouver

> ### L'incendie du Reichstag
> *Dans la nuit du 27 au 28 février 1933, quatre semaines après la nomination d'Adolf Hitler au poste de chancelier, le Reichstag est en flammes. Un communiste néerlandais – le jeune Marinus van der Lubbe – est arrêté sur les lieux. A-t-il agi seul ou a-t-il reçu des ordres ? Et si oui, de qui ? Des nazis ? Les dirigeants nationaux-socialistes en profitent pour agiter la menace anticommuniste et arrêter les opposants au régime. Dans un climat de guerre civile, ils font signer, dès le 28, au président du Reich Paul von Hindenburg le Brandverordnung, qui instaure un régime d'exception. Puis, le 23 mars 1933, le Reichstag vote les pleins pouvoirs à Hitler... et la mort de la république de Weimar. Un livre pour en savoir plus ?* **Marinus van der Lubbe et l'incendie du Reichstag**, *par Nico Jassies, éd. Antisociales, 2004.*

seul, abandonné, en bordure du Mur. C'est la réunification qui a mis fin à sa longue traversée du désert : l'architecte britannique **Norman Foster** l'a non seulement restauré mais aussi coiffé d'une coupole d'acier et de verre, de 23 m de haut et 40 m de large, qui symbolise la volonté de transparence démocratique. Cette coupole avait suscité, en 1999, de vives polémiques. Pourtant, elle réserve une stupéfiante **vue**★★ sur Berlin. À l'intérieur du bâtiment qui accueille désormais le Parlement de la République fédérale (Bundestag), deux escaliers hélicoïdaux s'enroulent autour d'un cône renversé, paré de 360 miroirs. Cet entonnoir, qui se prolonge jusqu'à l'hémicycle où siègent les 631 députés, n'est pas seulement un formidable puits de lumière : il cache un dispositif permettant de récupérer et de redistribuer la chaleur dans l'ensemble du bâtiment. Tout le quartier parlementaire est d'ailleurs éco-responsable : panneaux photovoltaïques sur les toits, générateurs au biodiesel, issu du colza...

BUNDESKANZLERAMT★★

(Chancellerie fédérale)
E3 *Willy-Brandt-Str. 1.*
Le « Sphynx », la « machine à laver », voire le « Kohlosseum »... Jamais un projet architectural n'a été aussi vilipendé. Peut-être parce que son maître d'œuvre n'était autre que le chancelier Helmut Kohl et que l'enjeu était d'ampleur : incarner la « république de Berlin » !
La chancellerie imaginée par les architectes Axel Schultes et Charlotte Frank reflète cependant avec justesse un État démocratique, puissant et décomplexé. Étrennée en grande pompe par Gerhard Schröder en 2001, elle est formée d'un cube central (la fameuse « machine à laver ») de 36 m de haut, flanqué de deux longues ailes. Colonnes, cours, verrières ouvrent l'édifice sur l'extérieur, ce qui confère un effet de mouvement à l'ensemble. Outre les salles de réunion du cabinet, il abrite les bureaux de la chancelière et ses appartements au dernier étage. À l'arrière, une passerelle enjambe la Spree et conduit au jardin privé de la chancellerie (Kanzlergarten).

REICHSTAG ET QUARTIER GOUVERNEMENTAL

BAND DES BUNDES★

(Ruban de la Fédération)
E-F3 Difficile d'imaginer une métamorphose aussi drastique d'un paysage urbain. Sur un vaste terrain vague à l'ombre du Mur a surgi, en moins d'une décennie, un quartier qui concentre les principales structures fédérales. Cette aventure architecturale commence en 1993 lorsqu'un concours international est lancé pour l'aménagement du **Coude de la Spree**. Des 835 propositions émerge le projet *Band des Bundes* (« ruban de la Fédération »), imaginé par les architectes berlinois Alex Schultes et Charlotte Frank, qui réinvente le plan de la ville dans ce secteur en lui donnant un axe est-ouest. Ce « ruban » de 1 km de long sur 100 m de large, qui concrétise dans l'espace la répartition des pouvoirs, s'étend de la chancellerie *(Kanzlergarten)* à la Marie-Elisabeth-Lüders-Haus. Il enjambe donc la Spree par deux fois. Le projet d'origine – abandonné par la suite, ce qui accentue l'impression de vide – prévoyait un forum des Citoyens *(Bürgerforum)* entre la chancellerie et la Paul-Löbe-Haus.

Paul-Löbe-Haus (Maison des députés) *E3* – *Konrad-Adenauer-Str.* Impressionnant par ses dimensions (61 000 m²), cet édifice, inauguré en 2001, se caractérise par des volumes amples et ouverts. Symbole du poids écrasant de la bureaucratie aux yeux de ses détracteurs, il abrite près de 1000 bureaux réservés aux députés et aux diverses commissions, et 19 salles de délibération situées dans des rotondes transparentes.

Marie-Elisabeth-Lüders-Haus *F3* – *Schiffbauerdamm - Mauermahnmal, entrée côté berge de la Spree - www. mauermahnmal.de - mar.-dim. 11h-17h - gratuit.*
L'édifice (2003) accueille la **bibliothèque des archives du Bundestag**. Avec environ 1,4 million d'ouvrages et 11000 périodiques, elle est la troisième bibliothèque parlementaire du monde, après celles de Washington et de Tokyo. Les façades vitrées et la variété des formes contrastent avec la dureté du béton brut.
Le bâtiment construit le long du Mur expose, dans le hall, une **installation** de l'artiste Ben Wargin à la mémoire des personnes tuées en tentant de franchir le Mur (**das Mauermahnmal**, le « mémorial des victimes du Mur »). La **passerelle** qui relie les deux édifices représente la réunification de la ville divisée.

AU NORD DU REICHSTAG
Après la visite de la Collection Boros, découvrez les nouveaux bâtiments situés au nord du quartier gouvernemental.

SAMMLUNG BOROS★

(Collection Boros)
F3 Reinhardtstr. 20 - ✆ 24 08 33 300 - *www.sammlung-boros.de - jeu. 15h-20h, vend. 10h-20h, sam.-dim. 10h-18h - 12 € - la visite guidée (en allemand ou en anglais) dure 1h30, et il faut réserver des semaines à l'avance via le site Internet.*
Dans le décor totalement déroutant d'un bunker de 3 000 m² datant de 1942 qu'il a acquis en 2003, le

collectionneur **Christian Boros** a réuni les œuvres d'art contemporain qu'il a glanées au fil des années et dans le monde entier. À voir notamment : les luminaires hallucinants du célèbre artiste dano-islandais (établi à Berlin depuis 1995) **Olafur Eliasson**.

HAUPTBAHNHOF★

(Gare centrale)
E3 Entre Europaplatz et Washington-Platz.
De la Chancellerie fédérale, la passerelle « Gustav-Heinemann-Brücke » permet de rallier en quelques pas la gare centrale, édifiée dans le sud-est de **Moabit** qui était, avant-guerre, un quartier ouvrier et majoritairement communiste et qui demeure, aujourd'hui encore, l'un des plus déshérités de la capitale. La gare, elle, brille par son architecture de verre, signée **Meinhard von Gerkan**, et sa taille : avec 44 000 m² de surface, 54 escaliers roulants et 5 niveaux de voies, elle est la plus grande d'Europe. Chaque jour, plus de 1 260 trains (dont 636 S-Bahn) s'y arrêtent. Elle a été inaugurée en 2006 après onze ans de travaux.

HAMBURGER BAHNHOF★★

(« Gare de Hambourg » – Musée d'art contemporain)
E2 Invalidenstr. 50-51 - ℘ 39 78 34 39 - www.smb.museum.de - mar.-vend. 10h-18h (jusqu'à 20h jeu.), sam.-dim. 11h-18h - 14 € - visites guidées gratuites en le w.-end à 12h.
L'ancienne gare de Hambourg, bâtie en 1845-1847 (architecte : Friedrich Neuhaus) et désaffectée dès 1884, est non seulement la seule gare de Berlin que l'on ait conservée de cette époque mais aussi depuis 1996, après sa restauration par **Josef Paul Kleihues**, un musée de 13 000 m², entièrement dédié à l'art contemporain. La grande halle accueille des installations temporaires. La galerie Kleihueshalle abrite des œuvres de premier plan de Cy Twombly, Robert Rauschenberg, Roy Lichtenstein, **Anselm Kiefer** et Andy Warhol. Une salle entière de l'aile ouest *(Westflügel)* est consacrée à **Joseph Beuys** et à ses compositions *(Arrêt de tramway* conçu pour la biennale de 1976).

MUSEUM FÜR NATURKUNDE★

(Musée d'histoire naturelle)
F2 Invalidenstr. 43 - ℘ 20 93 85 91 - www.naturkundemuseum-berlin.de - mar.-vend. 9h30-18h, sam.-dim. 10h-18h - 8 €.
Les enfants l'adorent et vous en croiserez beaucoup dans les allées, fascinés par les restes d'un carnivore qui vivait il y a 68 millions d'années et qui a inspiré à Steven Spielberg son film *Jurassic Park* : le **Tyrannosaure rex** (salle 4). L'autre vedette incontestée du musée est le squelette de **Brachiosaure** de la salle 1, un herbivore haut comme un immeuble de 4 étages et aussi lourd que 10 éléphants. La salle 9 renferme une hallucinante collection d'animaux conservés dans le formol, la **Nass-Sammlung**★ : sur 12 km d'étagères sont alignés 276 000 bocaux. Frisson garanti !

BRANDENBURGER TOR

Brandenburger Tor★★

Les nazis y ont orchestré leurs défilés aux flambeaux, les soldats de l'Armée rouge y ont hissé leurs drapeaux, les autorités de la RDA l'ont murée… : pas de doute, la porte de Brandebourg a été, deux siècles durant, le témoin privilégié de l'histoire allemande. Mais c'est surtout le 9 novembre 1989, lorsque la foule l'a prise d'assaut, que son image a fait le tour du monde. Elle est aujourd'hui le symbole de Berlin et celui de l'unité retrouvée.

▶ **Accès** : Ⓢ 1, 2, 25 Brandenburger Tor Ⓤ 55 Brandenburger Tor 🚍 100, 200 et TXL.
Plan de quartier p. 26-27. Plan détachable F4.
▶ **Conseil** : le centre d'information du Mémorial de l'Holocauste accueille dès 10h de très nombreux groupes. La file d'attente est généralement moins longue en début d'après-midi.

BRANDENBURGER TOR★★

(Porte de Brandebourg)
F4 Érigée (1789-1791) à l'emplacement d'une ancienne barrière d'octroi par **Carl Gotthard Langhans**, la porte de Brandebourg est l'expression aboutie du néoclassicisme à son apogée.
Elle arbore six colonnes doriques, inspirées des Propylées de l'Acropole d'Athènes, et un imposant **quadrige**, œuvre de Johann Gottfried Schadow (1795). Napoléon, après les victoires d'Iéna et d'Auerstedt sur la Prusse, avait défilé en vainqueur sous la porte (1806) et confisqué le quadrige qui prit le chemin de la France : la Grande Armée l'emporta dans ses bagages ! En 1814, les Prussiens réussirent à récupérer leur trésor. Endommagé pendant la Seconde Guerre mondiale, il fut reconstruit par les autorités de la RDA. Mais il a fallu attendre 1989 pour que la déesse de la Victoire retrouve, après quelques polémiques, son aigle et sa croix de fer. Ces attributs guerriers, dessinés par **Schinkel** (👁 *p. 155 et 164*) à la demande de Frédéric-Guillaume III pour célébrer les guerres de libération contre l'occupation napoléonienne, furent perçus par de nombreux Allemands comme des symboles militaristes déplacés, après la réunification de leur pays.

PARISER PLATZ★

(Place de Paris)
F4 Disparue sous les bombes, la Pariser Platz a dû être reconstruite après la réunification. Le cahier

des charges était très précis : utilisation de la pierre, soubassement clairement reconnaissable, équilibre entre les surfaces murales et les ouvertures. Les édifices jumeaux qui encadrent la porte de Brandebourg appliquent d'ailleurs ces principes à la lettre. Leur architecte, **Josef Paul Kleihues** (1933-2004), s'est imposé, ce faisant, comme l'un des chefs de file de cette typologie architecturale très rigide. Mais les autres bâtiments qui bordent la place, telles l'**ambassade de France** *(au n° 5)*, œuvre de Christian de Portzamparc (2003), ou l'**académie des Beaux-Arts** *(au n° 4 - www.adk. de - tlj 11h-19h - gratuit)* que Günter Behnisch a dotée de surfaces vitrées (2005), s'écartent du projet initial. La création la plus intéressante de la Pariser Platz est la **DZ Bank**★★ *(au n° 3)* : la conception des espaces intérieurs, très spectaculaire, reflète toute la puissance créative de son architecte, **Frank Gehry**. L'atrium est éclairé par un toit en verre cylindrique. Au centre, une structure pisciforme abrite la salle de réunion.

Hôtel Adlon – *Unter den Linden 77 (juste à l'angle de la Pariser Platz)*. Presqu'un siècle après son inauguration, cet hôtel de luxe légendaire a retrouvé son emplacement historique (l'Adlon avait survécu à la guerre, jusqu'à ce qu'un incendie le détruise dans la nuit du 2 au 3 mai 1945 ; le palace a rouvert ses portes en 1997).

AMBASSADE DE GRANDE-BRETAGNE

F4 Wilhemstr. 70-71.
C'est Michael Wilford qui a imaginé cette audacieuse construction avec sa façade en grès interrompue par une verrière qui réfléchit la nuit la lumière. L'ambassade inaugurée en 2000 sur son ancien emplacement est l'édifice le plus original de la Wilhelmstraße.

HOLOCAUST-MAHNMAL★★

(Mémorial de l'Holocauste)
F4 Ebertstr. - ℘ 263 943 30 - www. stiftung-denkmal.de - stèles tlj 24h/24 - centre d'information oct.-mars : 10h-19h ; avr.-sept. : 10h-20h - dernière entrée 45mn av. fermeture - fermé lun., 1ᵉʳ janv., 24-26 déc., 31 déc. - gratuit.
C'est à 300 m du bunker d'Hitler (situé près de la Voßstraße) que se trouve ce mémorial dédié aux victimes juives d'Europe. L'architecte américain **Peter Eisenman** a édifié un champ de **2 711 stèles** de tailles différentes. Pour rejoindre le musée, sous terre, il faut pénétrer dans ce cimetière labyrinthique angoissant. Le centre d'information retrace la politique d'extermination nationale-socialiste, présente des témoignages de victimes et le destin de 15 familles juives. Dans le hall, les visiteurs peuvent interroger une banque de données qui rassemble les noms des victimes recensées par le mémorial de Yad Vashem en Israël.

… VISITER BERLIN

Unter den Linden ★★

Au 17e s., Berlin a été aménagée autour d'un axe central : une longue allée cavalière bordée de milliers de tilleuls reliant la résidence royale (l'actuelle Schlossplatz) à la réserve de chasse (l'actuel Tiergarten). Cette allée Unter den Linden (« Sous les tilleuls ») est devenue, au fil des siècles, la plus célèbre avenue de la ville. Malgré les importants travaux qui s'y déroulent, ses prestigieux palais, restaurés avec soin par l'ex-RDA, offrent toujours un résumé de l'histoire de la Prusse et de l'Empire.

▶ **Accès** : Ⓢ 1, 2, 25 Brandenburger Tor (sortie près de la porte de Brandebourg), BUS 100, 200 et TXL, Ⓤ 55 Brandenburger Tor.
Attention, les travaux de prolongation du métro, qui vont durer jusqu'en 2020, conjugués à la reconstruction du palais de la République, à la réfection de l'opéra et aux travaux du musée de Pergame sur l'île des Musées, font actuellement de ce quartier, situé derrière la porte de Brandebourg, un immense chantier à ciel ouvert.
Plan de quartier p. 26-27. Plan détachable F4, G3-4.
▶ **Conseil** : les bus 100 et 200 empruntent l'avenue sur toute sa longueur (1,4 km !). Profitez-en si la fatigue se fait sentir.

AMBASSADE DE RUSSIE

F4 *Unter den Linden 55-65.*
Monumentale dans ses dimensions, l'ambassade (1949-1953) reflète le style « confiseur » (*Zuckerbäckerstil*), typique de l'architecture stalinienne. Sa façade en marbre blanc en impose sur l'avenue.

KOMISCHE OPER

(Opéra-Comique)
F4 *Behrenstr. 55-57 - www.komische-oper-berlin.de - billetterie : ✆ 47 99 74 00.*
C'est l'un des trois grands opéras de la capitale. D'abord théâtre des Variétés, il a pris le nom d'Opéra-Comique après la Seconde Guerre mondiale. Le bâtiment est assez surprenant : à l'extérieur, le style dépouillé est caractéristique de la RDA de la fin des années 1960 ; l'intérieur, en revanche, a conservé le style que les architectes viennois Fellner & Helmer lui avaient donné au 19e s. : stucs dorés à la feuille, miroirs baroques et épais velours.

TRÄNENPALAST ★

F3 *Reichstagufer 17 - ✆ 46 77 77 90 - www.hdg.de - mar.-vend. 9h-19h, sam.-dim. 10h-18h - gratuit.*
Aujourd'hui classé monument historique, cet élégant pavillon de verre et d'acier, que l'on surnommait Tränenpalast – le « Palais des larmes » – fut de 1962

UNTER DEN LINDEN

à 1990 le poste-frontière ferroviaire entre la RDA et Berlin-Ouest. La transparence de l'architecture, signée Horst Lüderitz, n'était qu'un leurre : à l'intérieur, l'atmosphère était tout autre ! C'est ici qu'avaient lieu les derniers adieux, ici que les policiers est-allemands (Vopos) tâtillons et vociférants contrôlaient les passeports, ici que les services secrets interrogeaient des heures durant les voyageurs. 200 personnes ont trouvé la mort dans cette douane. Il a fallu attendre le 2 juillet 1990 pour que les trains passent de nouveau sans contrôle à la gare de Friedrichstraße.

STAATSBIBLIOTHEK★

(Bibliothèque nationale)
F4 Unter den Linden 8. En travaux jusqu'en 2018.
Cartes anciennes, partitions originales de Bach à Schumann, incunables et bien d'autres trésors reposent derrière les murs épais. Fondée en 1661 par le Grand Électeur (*p. 155*), la Bibliothèque nationale prussienne a été construite entre 1903 et 1914 sur les plans d'Ernst von Ihne, concepteur du musée Bode. La cour intérieure intimiste *(accès provisoire par le n° 27 de la Dorotheenstr. - lun.-vend. 9h-21h, sam. 10h-19h)* vaut le coup d'œil.

REITERDENKMAL FRIEDRICH DES GROSSEN★

(Statue équestre de Frédéric II)
F4 Bebelplatz.
Frédéric II trône avec panache sur son cheval, le regard dirigé vers son château (aujourd'hui en cours de reconstruction. Commandée à Christian Daniel Rauch, en 1836, la statue haute de 13,50 m marque le début de la figuration réaliste dans la sculpture berlinoise. Elle représente fidèlement le roi de Prusse entouré de figures de généraux, dignitaires, artistes et érudits. Exilée à Potsdam de 1951 à 1980, elle a retrouvé sa place au milieu de l'avenue.

FORUM FRIDERICIANUM★★

F4 Bebelplatz.
Au 18e s., Frédéric-Guillaume Ier entreprend d'agrandir Berlin en traçant de grandes artères de part et d'autre de l'avenue Unter den Linden.

L'Autodafé de 1933

« Là où on brûle les livres, on finit par brûler les hommes » : cette prémonition énoncée par Heinrich Heine un siècle plus tôt prend corps le 10 mai 1933. Ce jour-là, des organisations estudiantines nazies brûlèrent 20 000 livres, jugés subversifs, pris dans les bibliothèques et les librairies. Ces étudiants firent la chaîne pour jeter les livres dans les flammes, dans les hourras, pendant qu'un condisciple déclamait les noms des auteurs concernés. Après Marx et Kautsky, vinrent les noms de 19 écrivains parmi lesquels Heinrich Mann, Sigmund Freud et Erich Maria Remarque. À minuit, Goebbels arriva et prononça un discours sur l'émergence d'un monde nouveau.

Frédéric II (1740-1786) poursuit cet effort, en créant une vaste place – le **Forum Fridericianum** – qui devait conférer à la monarchie prussienne un rayonnement artistique et scientifique sans précédent : un opéra, une Académie des sciences, un château devaient y voir le jour. Ce projet a pâti des mauvaises finances du roi, grevées par les guerres, mais aussi des aménagements successifs qui ont déséquilibré l'ensemble. Seul l'opéra fut construit selon les plans initiaux. La postérité du Forum Fridericianum a été entachée par l'autodafé des nazis le 10 mai 1933, rappelé par la **Bibliothèque engloutie** *(Versunkene Bibliothek)* de l'artiste Micha Ullman : sous une plaque de verre posée sur le sol, les passants peuvent apercevoir une bibliothèque aux étagères vides.

ALTE BIBLIOTHEK★

(Ancienne Bibliothèque)
F4 Bebelplatz.
La façade incurvée de l'Ancienne Bibliothèque royale (1780), de facture clairement baroque, lui vaut le surnom de « Kommode ». Elle constitue sans nul doute l'édifice le plus intéressant de la Bebelplatz. Élevée à l'emplacement prévu pour l'Académie des sciences d'après les plans de Georg Christian Unger, elle est aujourd'hui occupée par l'université Humboldt (faculté de droit), comme l'**Ancien Palais** (Altes Palais), situé dans son prolongement sur Unter den Linden. De style néoclassique – il fut construit entre 1834 et 1837 –, l'Ancien Palais servit de résidence royale à Guillaume I er.

ST. HEDWIGS-KATHEDRALE★

(Cathédrale Ste-Edwige)
F4 Bebelplatz - lun.-sam. 10h-17h (à partir de 11h le jeu.), dim. 13h-17h - gratuit - le merc. à 15h, concerts d'orgue gratuits - programme sur www.hedwigschor-berlin.de.
Construite de biais en retrait de la place, entre 1747 et 1773, cet édifice (à ne pas confondre avec la cathédrale de Berlin) inspiré du Panthéon de Rome est dédié à la sainte catholique Edwige. Frédéric II voulait témoigner de sa tolérance religieuse à l'égard de la minorité catholique de son royaume, notamment celle de la Silésie qu'il venait d'annexer. Les travaux furent conduits par **Johann Boumann**. La cathédrale se distingue par sa large **coupole** (reconstruite en 1952) et son **fronton sculpté** de scènes bibliques. L'aménagement intérieur, admirable mais quelque peu controversé, date de 1963. Une des chapelles de l'église inférieure abrite le **trésor** de l'archevêché de Berlin et la tombe du prêtre de la cathédrale, Bernhard Lichtenberg, mort lors de son transport à Dachau en 1943 après avoir publiquement protesté contre les persécutions des juifs.

STAATSOPER UNTER DEN LINDEN★

(Opéra national Unter den Linden)
G4 Unter den Linden 7 - en travaux (jusqu'à la fin du chantier, les représentations sont données

UNTER DEN LINDEN

au Schiller Theater, Bismarckstr. 110, Charlottenburg) - www.staatsoper-berlin.de.

Selon Voltaire, « les plus belles voix et les meilleurs danseurs » se produisaient dans l'opéra national Unter den Linden (1741-1743), si cher à Frédéric II et dessiné par Georg Wenzeslaus von Knobelsdorff. L'institution, qui fonda la tradition musicale de Berlin, poursuit sur la voie de l'excellence avec le directeur musical, Daniel Barenboïm. L'édifice au portique corinthien a connu dans les années 1950 une reconstruction radicale, qui a vu son agrandissement et son élévation.

NEUE WACHE

(Nouveau Corps de garde)
G4 Unter den Linden 4 - tlj 10h-18h - gratuit.

Pour dessiner ce bâtiment à l'allure martiale et robuste, **Schinkel** (♿ *p. 155*) s'est inspiré des plans d'un *castrum* romain. Cet **ancien poste de garde** est la première réalisation berlinoise de l'architecte (1816-1818). On le considère comme un chef-d'œuvre du **classicisme allemand**. Depuis 1993, il est devenu le principal **mémorial** allemand dédié aux « victimes de la guerre et de la tyrannie ». Derrière ses sévères colonnes doriques se dresse, solitaire sous la lumière qui tombe du toit à la verticale, une reproduction d'une émouvante sculpture de Käthe Kollwitz : *La Mère et son fils mort*, réalisée par l'artiste après la mort de son fils sur les champs de bataille de la Première Guerre mondiale.

DEUTSCHES HISTORISCHES MUSEUM★★

(Musée de l'Histoire allemande)
G4 Unter den Linden 2 - ℘ 20 30 44 44 - www.dhm.de - ♿- tlj 10h-18h - fermé 24 et 25 déc. - 8 € - visites guidées (en anglais) de la coll. permanente : sam. 13h (4 € ; 1h).

Le « DHM » occupe l'ancien **Arsenal** (*Zeughaus*) de Prusse, un majestueux monument baroque, orné de sculptures et peint en rose pâle, à la construction duquel ont participé, entre 1695 et 1706, les plus grands architectes de l'époque, dont **Andreas Schlüter**, auteur des 22 **mascarons**★ de la cour intérieure, représentant des visages de guerriers agonisants. L'exposition permanente retrace les périodes clés de l'histoire allemande, des Grandes Invasions à l'époque contemporaine, à travers des œuvres extrêmement variées : on y verra aussi bien **un portrait de Martin Luther** peint par Lucas Cranach (1539) qu'une **tente ottomane** du 17e s. et du **mobilier de style Biedermeier** (1815 ; vitrine n° 4.10.5). Une toile à ne pas manquer dans la section 1871-1918 : *La Grève* (Der Streik, 1886) de Robert Koehler, qui fut l'une des premières icônes du mouvement ouvrier. Les salles consacrées au régime nazi sont de loin les plus marquantes. L'extension sur le versant nord est destinée aux expositions temporaires. Sa réalisation a été confiée en 1992 à l'architecte sino-américain **I. M. Pei**, auteur de la Pyramide du Louvre à Paris. L'édifice triangulaire aérien, doté d'une façade convexe transparente, se marie parfaitement avec les monuments historiques alentour. Les deux édifices sont reliés par un tunnel. Une salle de cinéma a également été aménagée dans l'ancien arsenal *(entrée par la façade côté Spree - www.zeughauskino.de)*, dans laquelle sont diffusés films d'archives, documentaires et grands classiques du cinéma.

KRONPRINZENPALAIS★

(Palais du Prince héritier)
G4 Unter den Linden 3.
C'est dans ce palais baroque, édifié (1733) pour le prince héritier, le futur Frédéric II, puis remanié dans le goût néoclassique, que les représentants

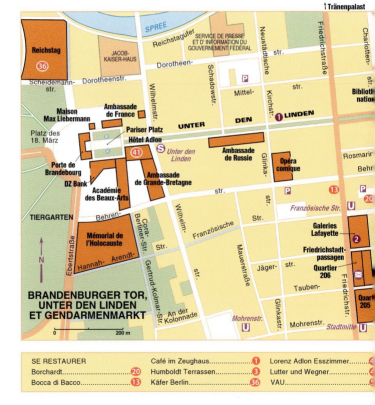

SE RESTAURER	Café im Zeughaus	1	Lorenz Adlon Esszimmer	
Borchardt	20	Humboldt Terrassen	3	Lutter und Wegner
Bocca di Bacco	13	Käfer Berlin	36	VAU

UNTER DEN LINDEN

des deux Allemagne – Wolfgang Schäuble pour la RFA et Günther Krause pour la RDA – ont signé, le 31 août 1990, le traité de réunification. L'arrière du palais intègre un portail provenant de la Bauakademie de Schinkel. Heinrich Gentz (1810-1811) le relia par un passage surélevé au **palais** **des Princesses** (Prinzessinnenpalais, rebaptisé Opernpalais – palais de l'Opéra – après la guerre) que Frédéric-Guillaume III fit construire en 1811 pour ses trois filles. Sa longue façade orientée vers un square héberge un café délicieusement rétro, qui offre une halte à point nommé.

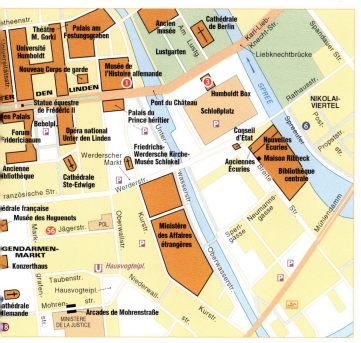

VISITER BERLIN

> ### *La vie sous les bombes*
> Cible prioritaire des bombardements alliés, la capitale du IIIe Reich a connu, avec l'intensification des raids aériens à partir de 1943 (p. 157), une terrible descente aux enfers. Les femmes, enfants et vieillards qui étaient restés à Berlin, pendant que les hommes se battaient sur le front, ont vécu sans eau ni électricité, terrés dans l'obscurité des bunkers et le bruit assourdissant des batteries anti-aériennes, cherchant de quoi se nourrir au milieu des ruines, des incendies et des immondices. Deux livres permettent de se faire une petite idée des conditions de survie des Berlinois pendant la guerre : **Seul dans Berlin**, de Hans Fallada (1893-1947 ; Folio/Gallimard, réimp. 2013), décrit de près la résistance allemande antinazie ; le journal intime de Marta Hillers, **Une femme à Berlin** (Folio/Gallimard, réimp. 2015), témoigne pour la première fois des souffrances que les femmes ont encore endurées après l'arrivée des troupes soviétiques : on estime à 100 000 le nombre de viols commis à Berlin entre avril et septembre 1945.

FRIEDRICHSWERDERSCHE KIRCHE - SCHINKELMUSEUM★

(Église de Friedrichswerder - musée Schinkel)
G4 Werdescher Markt - www.smb.museum.de - *fermé pour travaux.*
Berlin doit la première construction de cette **église néogothique** (1824-1830) à l'architecte **Schinkel**. Le portail est décoré de médaillons ; les voûtes intérieures (briques, nervures), ainsi que les pierres des piliers ont été peintes en faux marbre ; les délicates **terres cuites★** proviennent de l'Académie d'architecture. L'église abrite un **musée** consacré aux projets et réalisations de l'architecte à Berlin ainsi qu'une collection de sculptures classiques, dont un modèle en plâtre des princesses Louise et Frédérique de Prusse sculpté par Johann Gottfried Schadow.

SCHLOSSBRÜCKE★

(Pont du Château)
G4 Ce pont d'apparat (1821-1824), signé par Schinkel (*p. 155*), fut édifié pour remplacer le « pont des chiens », une banale construction en bois qui, au 17e s., était le point de ralliement des chasseurs et de leurs meutes avant les chasses au Tiergarten. Les statues en marbre de guerriers guidés par des Victoires sont un peu emphatiques, mais les reliefs en bronze, dessinant tritons et hippocampes sur les parapets, sont très élégants.

VISITER BERLIN

Museumsinsel★★★

(Île des Musées)

La pointe septentrionale de l'île de la Spree offre une extraordinaire concentration de musées, à l'architecture inspirée, qui constituent à eux cinq l'une des plus riches collections d'œuvres d'art au monde. L'Unesco a d'ailleurs inscrit ce site exceptionnel au Patrimoine mondial de l'Humanité. Un vaste travail de restauration est en cours et devrait s'achever en 2025 : on pourra alors découvrir la 4e aile du Pergamonmuseum et la Promenade archéologique, qui reliera les cours intérieures de quatre musées en une entité unique.

▶**Accès** : ⓢ 1, 2, 5, 25 Friedrichstraße, ⓢ 5, 3, 5, 7, 75 Hackescher Markt, Ⓤ 6 Friedrichstraße, 🚋M1 Am Kupfergraben, M4, M5, M6 Hackescher Markt, 🚌 TXL Staatsoper, 100, 200 Am Lustgarten, 147 Friedrichstraße.
Plan de quartier p. 46-47. Plan détachable F-G3.

▶**Conseils** : le jeudi, les musées de l'île sont ouverts de 10h à 20h. Il est donc possible de les visiter tous en consacrant, par exemple, 1h30 à chacun (dans ce cas, optez pour la **Bereichskarte** à 18 € la journée et déjeunez sur place : Allegretto – le café du Neues Museum – est assez convaincant, 🍴 *p. 111*) ; un autre pass, la **WelcomeCard Museumsinsel** à 42 €, permet de visiter les cinq musées sur 3 jours consécutifs et d'emprunter, durant cette même période, tous les transports berlinois. Attention : dans les deux cas, les suppléments « expos temporaires » ne sont pas inclus.

ALTES MUSEUM★

(Ancien Musée)
G3 Am Lustgarten - ☎ 266 42 42 42 - ♿- www.smb.museum - mar.-dim. 10h-18h (jeu. 20h) - 10 €.

On le nomme « Altes Museum » parce qu'il fut le tout premier musée public de Berlin. Il abrite aujourd'hui des **collections archéologiques**, des œuvres de l'Antiquité grecque et du monde romain, de petit format pour la plupart (les collections égyptiennes et les œuvres de grandes dimensions ayant été transférées au Neues Museum).

Du bâtiment lui-même, chef-d'œuvre néoclassique de **Karl Friedrich Schinkel** (1825-1830), on retiendra surtout le portique de la façade principale (hauteur : 87 m) soutenu par 18 colonnes ioniennes, et la coupole, à l'intérieur, décorée de fresques. Le tout fut très endommagé durant la guerre mais reconstruit avec soin entre 1958 et 1966.

Le 1er niveau vous offre en 12 salles un tour complet des arts dans la **Grèce antique**, depuis les modestes figurines en terre cuite de Rhodes (8e s. av. J.-C.) jusqu'aux statues de l'hellénisme triomphant (1er s.

av. J.-C.). L'**art étrusque**, autre point fort du musée, est exposé au 2e niveau, aux côtés des collections romaines. À ne pas manquer : les portraits funéraires peints, durant la période romaine, dans la région du Fayoum (Égypte).

NEUES MUSEUM★★★

(Nouveau Musée)
G3 Bodestraße 1-3 - ℘ 266 42 42 42 - & - www.smb.museum - 10h-18h (jeu. 20h) - 12 €, audioguide gratuit. Attention : en cas d'affluence, vous avez 30mn pour entrer dans le musée après achat du billet. Une fois à l'intérieur, vous pouvez rester aussi longtemps que vous le souhaitez.
Peu après l'inauguration de l'*Altes Museum* (« Ancien Musée », 1830), Frédéric-Guillaume IV confia à **Friedrich August Stüler** le soin de bâtir juste à côté, sur la même île, un Neues Museum (« Nouveau Musée »). Édifié entre 1843 et 1855 dans un style classique très élégant, mais fortement endommagé durant la guerre, le bâtiment est resté, du temps de la RDA, dans un état de ruine avancé. Il faut attendre 2003 pour que le Nouveau Musée soit enfin rénové : le célèbre architecte britannique **David Chipperfield**, chargé du projet, prend le parti de conserver le caractère ancien de l'édifice tout en lui associant une structure moderne, dépouillée et discrète. Les vestiges du musée du 19e s. – les murs de brique, les fresques racontant la découverte des temples antiques (Karnak, Abou Simbel…) – s'entremêlent aux espaces modernes tout en pierre, verre et acier, pour mieux mettre en valeur les trésors du musée. Le hall du grand escalier est spectaculaire. Les deux collections réunies au Neues Museum – le **Musée égyptien**, et le **musée de la Pré- et Protohistoire** – entraînent le visiteur dans un voyage original à travers le temps. Les salles s'organisent de part et d'autre de l'escalier central sur quatre niveaux. Commencez par le sous-sol.

La **collection égyptienne**, point fort du musée, est présente sur trois des quatre niveaux. Objets usuels et mobiliers évoquent la vie et la mort dans la vallée du Nil. Remarquez au mur de la salle 012 un papyrus déroulé du **Livre des morts**. De l'époque tardive, on découvre l'un des chefs-d'œuvre les plus accomplis, la **« tête verte de Berlin »★★** (vers 400 av. J.-C., salle 109), un visage étonnamment moderne par son réalisme, avec rides et plis de peau. Les pièces datant de l'époque du pharaon Akhénaton, au pouvoir entre 1353 et 1336 av. J.-C., constituent le fleuron de la collection égyptienne avec les découvertes de **Tell-el-Amarna★★★** issues des fouilles archéologiques de la Société allemande d'Orient (1911-1914). On retrouve notamment le portrait de la **reine Tiyi★★** (en allemand, « Teje » ; vers 1360 av. J.-C, salle 109), sculpté dans du bois d'if, ainsi que les représentations de la **famille royale d'Akhénaton★★** et le célèbre **buste de la reine Néfertiti★★★** (vers 1340 av. J.-C., salle 210), découvert à Amarna en 1912 dans l'atelier d'un sculpteur. Il semble que ce buste en calcaire ait servi de modèle pour la fabrication des statues officielles de la reine (ce qui expliquerait l'absence de l'œil gauche). Le nom Néfertiti – en allemand Nofretete – signifie « La Belle est venue ».

Le **musée de la Pré- et Protohistoire** brasse les civilisations européennes depuis l'ère glaciaire jusqu'au haut Moyen Âge, selon un parcours un peu décousu qui englobe aussi bien l'archéologie des provinces romaines (salle 202) et de Chypre (salle 106) que le monde germain (salle 204) et la mythologie nordique (salle 102). Le 3e niveau, plus cohérent, réunit les **âges de pierre, de bronze et de fer**, autour de deux pièces maîtresses : le **crâne d'un Néandertalien** de 11 ans (salle 308), découvert en 1908 sur les berges de la Vézère (Périgord) par l'archéologue suisse Otto Hauser (il daterait de 45 000 ans av. J.-C.) ; et le **Goldhut** du 9e s. av. J.-C. (salle 305), un chapeau conique de 74 cm de hauteur, tout en feuilles d'or ornées de symboles dont le décryptage est encore en cours (on pense qu'ils composeraient un calendrier permettant de calculer les cycles lunaires au cours d'une année solaire ; c'est, en tout cas, le mieux préservé des quatre « chapeaux rituels » découverts à ce jour).

ALTE NATIONALGALERIE★★

(Ancienne Galerie nationale)
G3 - Bodestraße 1-3 - ℘ 266 42 42 42 - www.smb.museum - ♿ - mar.-dim. 10h-18h (jeu. 20h) - 12 €.
Édifiée (1862-1876) par Friedrich August Stüler, élève de Schinkel, l'Ancienne Galerie nationale réunit des peintures et sculptures du 19e s. Elle n'a retrouvé la totalité de ses collections qu'en 2001 : du temps de la partition de la ville, une partie était conservée à Berlin-Ouest, dans la Nouvelle Galerie nationale (♿ p. 83). Pour un parcours chronologique, commencez la visite par le 3e étage.

3e étage – Entre autres œuvres majeures, admirez les **fresques de la Casa Bartholdy★★** de **Peter Cornelius** (1816-1817), en salle 3.02 ; les **tableaux★★** de l'architecte **Karl Friedrich Schinkel**, qui était aussi un peintre de talent, en salle 3.05 (sa vue panoramique de l'île de Rügen, dans la lumière d'un soir d'automne, est un petit bijou) ; *Moine au bord de la mer*★★, de **Caspar David Friedrich** (sans doute la plus célèbre de toutes les toiles de ce maître du romantisme allemand conservées à la Galerie nationale, *salle 3.06*) ; les peintures★ de l'artiste berlinois **Carl Blechen** *(salles 3.07 et 3.08)* et enfin les œuvres d'**Eduard Gärtner** *(salle 3.10)*, qui vouait une passion à sa ville, Berlin. Il est intéressant de comparer ses vues de Berlin★★, extrêmement détaillées, à la ville d'aujourd'hui.

2e étage – Dans la salle consacrée aux impressionnistes français *(salle 2.03)*, vous pourrez admirer *Le Jardin d'hiver*★★ (1878-1879) d'**Édouard Manet** ; *Été*★★ (1874) de **Claude Monet** et *Le Penseur*★★ (vers 1881-1883), une œuvre clé d'**Auguste Rodin** et de la sculpture moderne. Salle 2.13, **Max Liebermann** est représenté par une douzaine de toiles marquées par le naturalisme, dont *La Grange à lin de Laren*★★ (1887). À signaler aussi, salle 2.02, pour sa palette lumineuse, le

Retour au pays natal (1895) du Suisse Giovanni Segantini.

1ᵉʳ étage – Parmi les sculptures classiques qui occupent la première galerie se distingue le **groupe sculpté des Princesses Louise et Frédérique de Prusse★★★** (1795-1797) de Johann Gottfried Schadow. Le reste de l'étage est consacré à l'importante collection des œuvres★ d'**Adolph Menzel**.

PERGAMONMUSEUM★★★

(Musée de Pergame)

G3 - Bodestraße 1-3 (accès provisoire par l'aile sud) - ☎ 266 42 42 42 - www.smb.museum - tlj 10h-18h (jeu. 20h) - 12 € - l'aile nord est fermée pour rénovation, ainsi que la salle du Pergamonaltar (jusqu'en 2019).

Connu dans le monde entier pour ses reconstructions historiques monumentales, le plus jeune des musées de l'île est divisé en trois départements. Nous indiquons ci-dessous pour chacun les principaux centres d'intérêt.

Vorderasiatisches Museum★★ (musée des Antiquités proche-orientales) – *Aile sud du musée de Pergame, niveau 1.* L'institution offre un panorama exceptionnel sur 6 000 ans d'histoire, de culture et d'art proche-orientaux concernant surtout les régions de l'ancienne Mésopotamie (Sumer, Babylone, Assyrie), la Syrie et l'Anatolie. Les deux joyaux du musée sont la sublime **porte d'Ishtar★★★** – l'une des huit portes de la cité de Babylone – et la **voie processionnelle de Babylone★★★**, qui remontent au règne de Nabuchodonosor II (605-562 av. J.-C.). La première est décorée de dragons et de taureaux ; la seconde de lions, animaux sacrés de la déesse Ishtar.

Antikensammlung★★★ (collections des antiquités, *niveau 1*) – Les imposants fragments d'édifices grecs et romains reconstruits dans trois grandes salles sont exceptionnels. Deux pièces incontournables : l'**autel de Pergame★★★** *(Pergamonaltar)*, une des œuvres les plus admirables de l'art hellénistique, élevée au 2ᵉ s. av. J.-C. ; et la **porte du Marché de Milet★★** (100 apr. J.-C.) richement ouvragée. Ne manquez pas non plus les chefs-d'œuvre de la **salle d'architecture hellénistique★★** et les salles de la collection d'**antiquités gréco-romaines★★★**.

Museum für islamische Kunst★★ (musée d'Art islamique, *niveau 2*) – Le fonds couvre les arts de l'Islam du 8ᵉ au 19ᵉ s., en particulier ceux du Moyen-Orient. Il est situé dans l'aile sud du musée de Pergame. À ne pas manquer : la **collection de tapis★**, la façade du **palais de Mshatta★★** (Jordanie, vers 744) et la « **chambre d'Alep★★** » (Syrie, 1603) : ses panneaux de cèdre et noisetier peints de motifs chrétiens sont les plus anciens spécimens de ce type. La salle 6 conserve un décor du palais de l'**Alhambra** ! Une **coupole★** en bois, achetée en 1891 par le banquier et mécène allemand Arthur von Gwinner.

BODE-MUSEUM★★

(Musée Bode)

F-G3 Monbijou Brücke - ☎ 266 42 42 42 - ♿ - www.smb.museum - mar.-dim. 10h-18h (jeu. 20h) - 10 €.

Le musée semble surgir fièrement de l'eau à la pointe de l'île avec, à l'avant, semblable à la proue délicatement arrondie d'un navire, sept superbes voûtes. En dépit d'un emplacement peu favorable (une voie ferrée passe juste derrière), l'architecte de la Cour **Ernst von Ihne** (1848-1917) a su exploiter avec talent l'asymétrie du site. Le corps principal est constitué de colonnes et de pilastres que surplombent une balustrade ornée de personnages et une coupole en cuivre bien visible dans le paysage berlinois. Avec une désinvolture tout impériale, le bâtiment tourne le dos aux autres musées. Deux mille œuvres d'art, de l'Antiquité au début du 19e s., ont trouvé leur place dans les 66 salles d'exposition du Bode, qui accueille désormais 150 tableaux de **maîtres anciens**, une prestigieuse **collection de sculptures**, le **musée d'Art byzantin** et un riche **Cabinet de monnaies**. À ne pas manquer : les mosaïques détachées de Ravenne (545, salle 115), la série des retables sculptés de la salle 107 et les marbres de Giovanni Baratta (1670-1747, salle 134). La salle 261 *(niveau 2)* vous transporte dans un palais de Vénétie : son décor de fresques mythologiques en grisaille est l'œuvre (1754) de Giandomenico Tiepolo, fils de l'illustre Giambattista).

DDR MUSEUM★

(Musée de la RDA)
*G3 Karl Liebknecht-Str. 1 -
☏ 84 712 3731 - www.ddr-museum. de - tlj 10h-20h (22h le sam.) - 7 €.*
Ce musée privé, qui se veut ludique et interactif, donne un petit aperçu de la vie dans l'ancienne République démocratique allemande (1949-1989, ♿ *p. 158*) : la consommation et ses prix contrôlés, les difficultés pour se ravitailler, les services secrets, les Jeunesses socialistes ou encore les vacances au bord de la Baltique, avec des photos-souvenirs. Les deux attractions phares : monter à bord de la Trabi, la voiture mythique de l'ex-RDA, et la visite de l'appartement-témoin, où la télévision du salon diffuse l'une des émissions les plus populaires de l'époque. On peut juger le tout un peu superficiel ou trop « gadget ». Pour en savoir plus, visitez le musée (gratuit) « Alltag in der DDR » à Prenzlauer Berg (♿ *p. 52*).

BERLINER DOM★

(Cathédrale de Berlin)
G3-4 Am Lustgarten - concerts classiques sur réserv. au ☏ 202 691 36 ou à la boutique de la cathédrale ; programme sur www.berlinerdom.de - ♿ - lun.-sam. 9h-20h, dim. 12h-20h ; fermeture à 19h oct.-mars (dernière entrée 1h av.) - 7 €.
Postée en bordure de la Spree, la cathédrale de Berlin domine les alentours, de sa coupole perchée à 85 m. Dans l'esprit de Guillaume II, son promoteur, elle devait incarner la grandeur de l'Empire, la splendeur de la cour des Hohenzollern et la foi protestante. Elle a été édifiée (1894-1905) dans le style de la Renaissance italienne par Julius Carl Raschdorff mais sévèrement endommagée durant la Seconde Guerre mondiale. Lorsqu'on entreprend de la restaurer,

à partir de 1975, on choisit d'ériger un dôme et des tours de plus petites dimensions. L'**intérieur**★★, magnifique, conserve des éléments du bâtiment antérieur, auquel collaborèrent Karl Friedrich Schinkel, Christian Daniel Rauch, Friedrich et August Stüler pour le maître-autel. L'**orgue** de 1904, les **mosaïques** et les **peintures sur verre** d'Anton von Werner sont remarquables. La **crypte** abrite les tombeaux de la famille royale Hohenzollern. Ne manquez pas de grimper en haut du dôme, qui offre une **vue** plongeante sur l'île des Musées, les statues de la cathédrale et la Spree.

SCHLOSSPLATZ

(Place du Château)
G4 Elle est en plein réaménagement ! Elle fut longtemps occupée par le **Berliner Schloss**, le château de Berlin, qui devint, après la chute de la monarchie, musée des Arts décoratifs (1921) mais fut très endommagé lors des attaques aériennes de 1944 et 1945. En 1950, ses vestiges furent dynamités – à l'exception d'un petit pan de façade – par les autorités de la RDA qui y voyaient un symbole de la féodalité. À la place, ils bâtirent (1974) le **Palast der Republik** (le « palais de la République »), qui abritait la Chambre du peuple de la RDA. Après la réunification, le Bundestag prit la décision de démolir le palais (amianté) de la République et de reconstruire le Berliner Schloss. En attendant la fin des travaux (2019 ?), un gros cube temporaire – la Humboldt Box – présente le projet de reconstruction du château ainsi que des éléments de l'édifice avant sa destruction *(www.humboldt-box.com - tlj 10h-20h, jusqu'à 18h nov.-mars - gratuit, le dim. à 11h, 13h, 15h et 17h, visite possible du chantier : 18 €)*. Expositions temporaires et café avec vue panoramique au dernier étage.

Un chantier pharaonique
Le château de Berlin où ont résidé, de 1451 à 1918, les princes-électeurs, rois de Prusse et empereurs d'Allemagne, a profondément marqué le cœur de la ville. On comprend que sa démolition en 1950 ait laissé un grand vide dans le tissu urbain mais l'idée de le reconstruire à l'identique, au seuil du 21ᵉ s., dans une ville tout juste réunifiée et déjà surendettée, est d'abord apparue, aux yeux de beaucoup, comme une coûteuse farce ou une totale utopie. L'interminable débat qu'elle a suscité a hanté les esprits de deux maires, deux chanceliers et 158 architectes : que faire de ce nouveau château ? un centre des congrès avec hôtel et garage ? un Grand Louvre ? un musée pour les collections de Dahlem ? Une commission d'experts a finalement opté pour le projet de l'architecte italien Francesco Stella : trois façades baroques, exactes répliques de celles d'Andreas Schlüter (1659-1714), et une façade moderne côté Spree. En 2013, le président allemand Joachim Gauck et le maire de Berlin Klaus Wowereit ont posé la première pierre de ce nouveau chantier pharaonique qui avance à grands pas : le gros-œuvre était achevé dès juin 2015 !

SCHEUNENVIERTEL

Scheunenviertel★★

La coupole dorée de la Nouvelle Synagogue est l'emblème le plus visible de la renaissance du Scheunenviertel, un ancien quartier insalubre et miséreux qui, en 1929, inspira à Alfred Döblin son roman « Berlin Alexanderplatz ». Aujourd'hui, entre l'Oranienburger Straße et l'Hackescher Markt, cafés et restaurants tendance, cours et arrière-cours restaurées, magasins de mode et galeries d'art créent une animation constante. Vous êtes ici au cœur du Berlin réunifié qui pour beaucoup recoupe l'ancien quartier juif.

▶**Accès** : Ⓢ 1, 2, 25 Oranienburger Straße, Ⓢ 3, 5, 7, 75 Hackescher Markt, Ⓤ 2 Rosa-Luxemburg-Platz, Ⓤ 6 Oranienburger Tor, Ⓤ 8 Rosenthaler Platz, Weinmeisterstraße
Plan de quartier *p. 38-39*. Plan détachable *F-G 2-3*.
▶**Conseil** : ce quartier est l'un des préférés des noctambules berlinois.

HACKESCHE HÖFE★★

G3 *Entrée Rosenthaler Str. 40-41 et Sophienstr. 6.*

À deux pas de la station en brique ocre de la S-Bahn Hackescher Markt (1882), joliment restaurée, se trouve l'entrée principale des **Hackesche Höfe**, le plus grand ensemble de cours *(Höfe)* du Scheunenviertel et aussi le plus connu : 8 arrière-cours aux caractères très différents, où appartements et bureaux voisinent avec des boutiques de mode, des galeries d'art, un cinéma, un théâtre de variétés et plusieurs cafés. La première cour, dessinée dans le style Jugendstil par **August Endell**, est parée d'une **magnifique façade**★ de briques vernies polychromes. La cage d'escalier sur la gauche est tout aussi élégante. La construction de ce complexe, lancée en 1906, suit un schéma de séparation nette entre les zones d'habitation, d'artisanat, de commerce et de culture, qui le distingue des arrière-cours du 19ᵉ s. Restaurées à grands frais après la chute du Mur (1994-1996), elles sont devenues un haut lieu du tourisme. Les Hackesche Höfe communiquent depuis 2002 avec les **Rosenhöfe**, qui ont été réhabilitées et affichent un style néorococo moins convaincant.
♿ *Heckmann Höfe p. 42.*

HAUS SCHWARZENBERG

Maison Schwarzenberg
G3 *Rosenthaler Str. 39.*

Pour savoir à quoi ressemblaient les cours du Spandauer Vorstadt (ancien quartier juif) juste après la chute du Mur, il suffit de s'engouffrer dans la cour de la maison Schwarzenberg, dont l'état de ruine est étonnamment pittoresque. C'est sans doute ce cadre singulier qui a incité de

VISITER BERLIN

nombreux artistes alternatifs à occuper les lieux. Dans la première cour, à gauche, on peut visiter l'ancien **atelier pour malvoyants d'Otto Weidt** (*Blindenwerkstatt Otto Weidt*). Ce fabricant de brosses et de balais, lui-même malvoyant, sauva la vie de plusieurs juifs pendant la guerre en soudoyant la police et la Gestapo. En automne 1942, il parvint à faire libérer un groupe envoyé au camp de regroupement

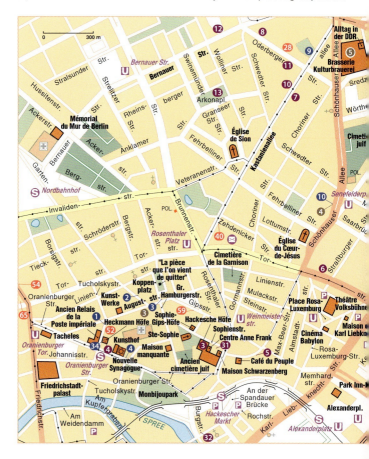

SCHEUNENVIERTEL

de la Große Hamburger Straße. Il fabriquait de faux papiers et cachait des juifs dans la cave de l'atelier. L'exposition permanente évoque les actions de ce Juste dans leur cadre original. ℘ 285 994 07 - ♿- www.

museum-blindenwerkstatt.de - tlj 10h-20h - fermé 24 déc. - gratuit.
Dans la même cour, à droite, le **Centre Anne-Frank** (℘ 288 865 600 - www.annefrank.de - mar.-dim. 10h-18h - fermé lun. - 5 €) raconte le destin

SCHEUNENVIERTEL ET PRENZLAUER BERG

SE RESTAURER
Altes Europa.................................. 59
Einsunternull................................. 65
Entwederoder................................ 28
Gugelhof....................................... 34
Metzer Eck.................................... 43
November...................................... 5
Restaurant Ross............................ 52
Rutz... 54
Yumcha Heroes............................. 40

PRENDRE UN VERRE
Anna Blume.................................... 7
Bar Gagarin.................................... 8
Keyser Soze.................................... 1
Le Croco bleu................................ 35
Nannuoshan.................................. 34
Pfefferberg Sommergarten............ 10
Prater Garten.................................. 9
Strandbad-Mitte.............................. 2
Tadschikische Teestube.................. 4
The Barn... 3

SORTIR
Bassy Club...................................... 4
Clärchen's Ballhaus........................ 3
Kulturbrauerei................................. 5

SHOPPING
Ampelmann Galerie Shop............... 3
Bonbonmacherei............................. 4
Erzgebirgskunst............................. 31
Flagshipstore................................. 11
Jünemann's Pantoffeleck................ 6
Kleid und Schuh............................ 34
Luxus International......................... 7
Made in Berlin................................. 5
Mauerpark..................................... 12
Thatchers...................................... 10
Trödelmarkt am Arkonaplatz......... 13
VEB Orange.................................... 8
Walther König............................... 32

de cette jeune fille juive dont la famille avait fui l'Allemagne nazie en 1933 pour trouver refuge à Amsterdam.

GROSSE HAMBURGER STRASSE

F-G3 Autrefois surnommée « rue de la Tolérance » en raison de la bonne cohabitation de ses institutions juives, catholiques et protestantes, la Große Hamburger Straße devint en 1942, avec l'installation d'un camp de regroupement avant déportation, l'une des adresses les plus redoutées de la capitale du Reich. Au début de la rue, un espace ombragé pourrait passer pour un square paisible si le regard n'était rapidement attiré par des monuments funéraires épars, parmi lesquels figure une stèle dédiée au grand philosophe juif **Moses Mendelssohn** (1729-1786). Il s'agit de l'**Alter jüdischer Friedhof**, le plus vieux cimetière de la communauté juive de Berlin (1672 - *tlj 7h30-16h, jusqu'à 17h avr.-sept. - fermé sam. et fêtes juives - accès libre - les hommes doivent se couvrir la tête*). Fermé en 1827 et transféré dans le quartier de Prenzlauer Berg, il a été détruit sur ordre de la Gestapo en 1943. Le groupe sculpté dédié « aux victimes juives du fascisme » rappelle le triste **camp de regroupement** que les nazis avaient établi dans un ancien hospice pour personnes âgées. Les juifs berlinois y étaient rassemblés, avant d'être acheminés vers les gares, puis déportés dans les camps de la mort. L'auteur de cette œuvre très poignante, **Will Lammert** (1892-1957), le destinait au camp de concentration des femmes de Ravensbrück, mais il s'éteignit avant d'avoir pu achever son ébauche. À gauche, une plaque rappelle les déportations.

Sur le trottoir opposé, au n° 15, la **Maison manquante★** de **Christian Boltanski** poursuit ce travail sur la mémoire. Sur les murs de deux immeubles sont gravés les noms des occupants, étage par étage, d'une maison détruite par les bombes.

Le cœur du Berlin juif

En 1671, un édit de Frédéric-Guillaume autorise, pour des raisons économiques, la venue à Berlin de 50 juifs fortunés originaires de Vienne. Cette décision marque la renaissance de la présence juive dans le Brandebourg, attestée depuis le 10ᵉ s. Un an plus tard, un premier cimetière juif est inauguré dans la Große Hamburger Straße. En 1714, une synagogue ouvre ses portes dans la Heidereutergasse, bientôt suivie par des écoles, des hospices..., qui font du Scheunenviertel le cœur du Berlin juif, un quartier très pauvre à la fin du 19ᵉ s., où trouvent refuge de nombreux Russes et Polonais rescapés des pogroms. Sur les 160 000 juifs qui habitent encore la capitale du Reich après l'arrivée d'Hitler au pouvoir (1933), 80 000 parviennent à émigrer à temps, 55 000 sont déportés entre 1941 et 1945 vers Auschwitz et Theresienstadt (1 900 d'entre eux survivront aux camps), 7 000 restent terrés dans Berlin (seuls 1 700 sortiront vivants de leur cachette). Aujourd'hui, la communauté compte 12 000 membres, dont deux tiers sont originaires de l'ex-URSS.

MONBIJOUPARK ★

G3 Rien ne subsiste du château habité notamment par la princesse Sophie-Dorothée, épouse du Roi-Sergent. En lieu et place, un délicieux parc déroule sa verdure jusqu'à la Spree. Dès les beaux jours, une piscine de plein air est prise d'assaut par les enfants du quartier. Sur la plage aménagée face à l'île des Musées, buvette et chaises longues accueillent les promeneurs, avec vue sur le ballet des bateaux-mouches.

NEUE SYNAGOGE ★

(Nouvelle Synagogue)
F3 *Oranienburger Str. 28-30 - ℘ 880 283 16 - www.cjudaicum.de - ♿ - dim.-lun. 10h-20h (18h nov.-fév.), mar.-jeu. 10h-18h, vend. 10h-17h (15h oct.-mars) ; fermé j. de fêtes juives - 5 € (expositions permanentes), 2 € (coupole).*
Cette synagogue doit beaucoup à son architecte, Eduard Knoblauch, qui dirigea les travaux de 1859 à 1866 : il s'était inspiré du style mauresque de l'Alhambra, et pour la coupole, de l'architecture indienne. C'était alors la plus belle et la plus grande synagogue d'Allemagne (3 200 places). Elle survécut à la Nuit de cristal sans trop de dommages, grâce à l'intervention de Wilhelm Krützfeld (cet officier de police eut le courage de s'opposer aux SA qui y avaient allumé le feu et d'alerter les pompiers). En revanche, elle souffrit énormément des bombardements de 1943. Il fallut attendre 1989 pour que sa reconstruction soit lancée. Sur la façade est gravée une injonction en hébreu extraite du Livre d'Isaïe : « Ouvrez les portes ! Qu'elle entre, la nation juste qui observe la fidélité. » À l'intérieur, la collection permanente rappelle l'histoire de l'édifice ; les expositions temporaires, à l'étage, sont consacrées à l'histoire des juifs de Berlin. Vous remarquerez que la synagogue n'a pas été entièrement reconstruite. Une paroi de verre marque la fin de la partie restaurée. Elle donne sur un jardin, sur le sol duquel sont tracés les contours du sanctuaire d'origine. La coupole, qui, vue de l'intérieur, ne revêt pas un intérêt particulier, réserve une belle vue sur les toits du quartier.

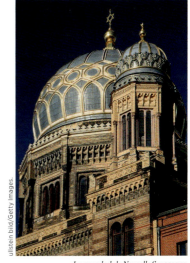

La coupole de la Nouvelle Synagogue.

HECKMANN HÖFE ★

F3 - Oranienburger Str. 32 - Auguststr. 9.
Encore une suite de cours dont le quartier a le secret. La première, plutôt étroite, rappelle les *Mietskasernen* (« casernes locatives », de grands immeubles loués à la classe ouvrière) de l'Oranienburger Straße de la fin du 19e s. tandis que la seconde, claire et spacieuse, invite à la rêverie. Parmi les anciennes remises occupées par des créateurs se détache une écurie de briques vernissées de 1858, ornée d'un médaillon à la tête de cheval. L'immeuble de style classique tardif, situé à l'angle de l'Auguststraße et de la Tucholskystraße, date de 1872.

EHEMALIGE POSTFUHRAMT ★

(Ancien Relais de la Poste impériale)
F3 Oranienburger Str. 35-36 (angle de la Tucholskystr.) - en cours de restauration.
Ce bel édifice, de style classique tardif, est l'œuvre de Carl Schwatlo (1875-1881). Sur les façades, tapissées de briques vernissées rouges et jaunes et décorées de terre cuite autour des fenêtres, vous remarquerez – entre deux échafaudages – les médaillons de Marco Polo, Gutenberg, Christophe Colomb, Franklin, Siemens..., figures qui ont en commun d'avoir joué un rôle particulier dans l'histoire des communications. L'entrée, dotée d'une porte monumentale, est surmontée d'une coupole octogonale à tambour.

SOPHIENSTRASSE ★

G3 Point de sévères façades néoclassiques ici, mais de gracieuses maisons des 18e et 19e s. qui bordent une rue étroite, offrant une jolie vue sur le chevet de l'**église Ste-Sophie** (Sophienkirche, *lun.-sam. 13h-18h*) et le jardin poétique qui l'entoure. L'édifice (1712-1735) possède un élégant clocher baroque. Aux nos 18-18a, le double portail en brique néo-Renaissance donne accès aux **Sophiensaele**, salles de spectacle qui présentent des pièces de théâtre, des chorégraphies d'avant-garde et autres projets artistiques (*☎ 283 52 66 - www.sophiensaele.com*). À l'entrée, une plaque commémorative déroule la longue histoire de l'édifice depuis 1905.

Des pavés dorés en mémoire des déportés
Il faut se pencher pour les voir briller discrètement sur les trottoirs de la ville. Sur ces pavés sont gravés les noms des juifs allemands qui vivaient autrefois dans les immeubles attenants et qui ont été victimes de la terreur nazie. La date de leur décès et le nom du camp d'extermination où ils ont été déportés figurent également sur ces plaques commémoratives. Inventées par l'artiste allemand Gunter Demnig, qui a commencé par les installer illégalement à Kreuzberg en 1997, les « Stolpersteine » (littéralement « pierres sur lesquelles on trébuche ») ont désormais été essaimées dans toute l'Europe – on en compte déjà plus de 56 000 – et sont financées par les particuliers.

Alexanderplatz ★ *et Nikolaiviertel*

Éventrée, au sud, par la construction de la ligne de métro U5, « l'Alex », comme les Berlinois surnomment l'Alexanderplatz, est encore pour quelque temps (jusqu'en 2019) un chantier à ciel ouvert. Elle est le centre de Berlin-Est, comme au temps de la RDA, avec une forte concentration de magasins et une gare où convergent de nombreuses lignes. Si l'esthétique socialiste vous laisse de marbre, filez vers le quartier St-Nicolas, dont les ruelles médiévales (reconstruites en béton), bordées de tavernes, offrent un visage plus riant.

▶**Accès** : Alexanderplatz : Ⓢ 3, 5, 7, 75, Ⓤ 2, 5, 8, 🚌 100, 200, TXL. Quartier St-Nicolas (Nikolaiviertel) : Ⓤ 2 Klosterstraße, Ⓢ et Ⓤ Alexanderplatz. Île des Pêcheurs (Fischerinsel) : Ⓤ 2 Klosterstraße, Märkisches Museum, Spittelmarkt. **Plan détachable G-H 3-4.**
▶**Conseil** : outre le quartier St-Nicolas et ses tavernes, la pause-snack peut se faire dans les stations de S-Bahn et U-Bahn d'Alexanderplatz, où l'on trouve de nombreux *Imbiss* (kiosques) et « hommes-saucisses » (🖐 p. 110).

ALEXANDERPLATZ★

G-H3 Cette vaste esplanade bordée d'immeubles plutôt rigides est l'image même de l'urbanisme de l'ex-RDA. Construite sur les ruines de la guerre, elle concentre plusieurs symboles de l'idéologie communiste : la **fontaine de l'Amitié entre les peuples** occupe, depuis la fin de la Seconde Guerre mondiale, l'emplacement de la statue *Berolina*, allégorie de la ville qui fut longtemps l'emblème de la place ; l'**horloge universelle Urania**, située au sud-est de la place, indique les fuseaux horaires des principales villes du monde (les Berlinois se donnent souvent rendez-vous sous ses aiguilles). Au sud-ouest, deux immeubles de bureaux en béton ont survécu à la guerre : l'**Alexanderhaus** et la **Berolinahaus** conçus dans un style rationaliste (1930-1932) par Peter Behrens, pionnier du design industriel. De l'autre côté de la Grunerstraße, à l'est de la place, vous apercevez la frise de 125 m de long, en céramique (1962-1963) de la **Maison de l'enseignant** (Haus des Lehrers), qui met en scène la vocation sociale de l'enseignant. Le nord-est de l'Alexanderplatz est dominé par les 120 m de hauteur de l'ancien **Interhotel Stadt Berlin**, où descendaient les délégations des « pays frères ». Devenu le **Park Inn-Hotel**, il est relié par l'Alex-Passage à l'ancien Centrum Warenhaus, qui était jadis le plus grand magasin de la RDA. Aujourd'hui, il porte le nom de **Galeria**

Kaufhof (lun.-merc. 9h30-20h, jeu.-sam. 9h30-22h).

FERNSEHTURM★

(Tour de la Télévision)
G3 *Panoramastr. 1a, étage panoramique - www.tv-turm. de - mars-oct. : 9h-0h ; nov.-fév. : 10h-0h - 13 €.*
Elle était la fierté du régime Est-Allemand. Inaugurée en 1969 par Walter Ulbricht, la « Grande Asperge » (Telespargel) de 368 m de haut devient immédiatement l'attraction de la place. Construite pour affirmer la supériorité technologique de la RDA sur les démocraties occidentales, sa sphère argentée rayonne sur tout Berlin. Un ascenseur vous catapulte en un rien de temps à son sommet, qui réserve une **vue★★★** exceptionnelle sur l'agglomération berlinoise. Les monuments du centre historique, dans l'axe d'Unter den Linden, ressemblent à des miniatures. La porte de Brandebourg paraît toute proche. L'étendue des espaces verts vus de haut est impressionnante : les parcs de Friedrichshain et Tiergarten, la forêt de Grunewald sont nettement identifiables. Au sud, on distingue l'ancien aéroport de Tempelhof ; au sud-est, la percée rectiligne de la Karl-Marx-Allee. Au loin, vous apercevez les quartiers d'habitation bourgeois à l'ouest et au sud-ouest, ainsi que les *Mietskasernen* (« casernes locatives », un terme apparu dans les années 1860 pour désigner des immeubles densément peuplés, loués à la classe ouvrière) de Kreuzberg et de Prenzlauer Berg.

Accordez-vous une pause au bar de la Fernsehturm (☙ *« Nos adresses » p. 118*) – autre prouesse socialiste – qui tourne autour de son axe pour que les clients profitent pleinement d'un panorama à 360°. Par beau temps, vous verrez peut-être un impressionnant reflet en forme de croix apparaître sur le dôme. Un coup du sort qui faisait fulminer les autorités est-allemandes !
Au pied sud-ouest de la tour, une église mérite une petite visite : **St. Marienkirche** *(église de la Sainte-Vierge, tlj 10h-18h, jusqu'à 16h en hiver)* : sa **chaire**, œuvre d'Andreas Schlüter (1703), et son **buffet d'orgue** de Johann Georg Glume (1723) sont deux chefs-d'œuvre du baroque.

ROTES RATHAUS★

(Hôtel de ville)
G4 *Rathausstr. 15.*
Ne cherchez pas dans le surnom donné à la mairie de Berlin – « l'hôtel de ville rouge » – une allusion politique : il fait seulement référence à la couleur de la brique. Cet édifice néoroman, bâti de 1861 à 1869 par Hermann Friedrich Waesemann, est aujourd'hui le siège du bourgmestre et du sénat de Berlin. Le conseil municipal s'y réunit depuis 1870. Après la Seconde Guerre mondiale, le conseil municipal de Berlin-Est s'y installe, tandis que Berlin-Ouest est dirigé depuis l'hôtel de ville de Schöneberg. Le beffroi (97 m) rappelle le campanile de la cathédrale de Florence réalisé par Giotto. Une frise composée de 36 panneaux en terre cuite, au-dessus du

ÎLE DES MUSÉES, ALEXANDERPLATZ ET NIKOLAIVIERTEL

SE RESTAURER

Adam's 64
Allegretto 2
Deponie N°3 26
Ephraim's 32
Mutter Hoppe 47
Spreegold 4

PRENDRE UN VERRE

Brauhaus Georgbräu 6
Sphere 5

SHOPPING

Kugelei 33
Walther König 32

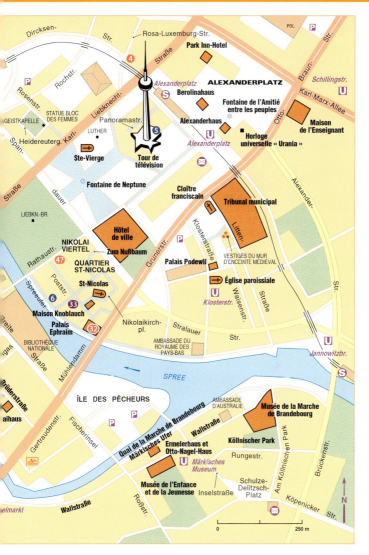

rez-de-chaussée, retrace l'histoire de Berlin, depuis ses origines jusqu'à la fondation de l'Empire par Bismarck. Le portail principal présente également un riche décor en terre cuite.

NIKOLAIVIERTEL

G4 Berceau de la ville, le quartier St-Nicolas a été reconstitué de toutes pièces en 1987, pour le 750e anniversaire de la naissance de Berlin. Cette décision marque une prise de conscience, par les autorités de la RDA, de l'importance du patrimoine. De précieux témoignages historiques, tels que l'église d'Altkölln, sur l'autre rive de la Spree, ou les habitations médiévales de l'île des Pêcheurs (Fischerinsel) avaient été détruits dans l'après-guerre pour faire table rase du passé. Cet essai de restitution du vieux Berlin témoigne d'une politique moins amnésique. Toutefois, le résultat est mitigé car la reproduction n'est pas très fidèle. De ces maisons, bâties avec des dalles de béton, émane un certain kitsch.

NIKOLAIKIRCHE★

(Église St-Nicolas)
G4 Nikolaikirchplatz - des concerts d'orgue sont régulièrement programmés, voir les dates sur www.musikinkirchen.de
Bâtie vers 1230, l'église St-Nicolas est le plus vieux monument de Berlin encore existant. De la basilique romane originelle, il ne reste que l'assise en pierre de la tour et le portail occidental (le chœur gothique date de 1380, les nefs du 15e s.). Le double clocher néogothique, qu'elle lance au-dessus des toits du quartier, date des années 1876-1878. Aujourd'hui, la Nikolaikirche abrite une **exposition permanente** *(10h-18h - 5 € - gratuit le 1er merc. du mois)* sur son histoire et sur les personnages influents qui ont été ses bienfaiteurs ou qui y sont enterrés. Remarquez, juste à l'entrée, à gauche, la **chapelle funéraire★** (1725) du ministre des Finances de Prusse, Johann Andreas von Kraut.

KNOBLAUCHHAUS★

(Maison Knoblauch)
G4 Poststr. 23 - ☎ 240 021 62 - www.stadtmuseum.de - mar.-dim.

Nikolaiviertel, au bord de la Spree.

ALEXANDERPLATZ ET NIKOLAIVIERTEL

10h-18h - gratuit (obole bienvenue).
La maison de la famille Knoblauch est un élégant édifice rose pâle du 18e s. modifié dans le style néoclassique au 19e s. Cette demeure bourgeoise a été aménagée en musée, l'occasion de voir de près un intérieur **Biedermeier**, style en vogue entre 1815 et 1848, qui privilégiait des meubles à l'élégance discrète, regroupés ici par « îlots d'activité » : broderie, lecture, musique…

EPHRAIM-PALAIS★

(Palais Ephraim)
G4 Poststr. 16 - ℘ 240 021 62 - www.stadtmuseum.de - mar.-dim. 10h-18h (merc. 12h-20h) - 6 € (gratuit le 1er merc. du mois).
Vous ne pourrez pas manquer la très belle maison d'angle aux élégants balcons rococo dorés, bâtie pour le joaillier de la Cour et directeur de la Monnaie **Veitel-Heine Ephraim**, l'un des rares juifs à avoir exercé une fonction importante au temps de Frédéric le Grand. Le palais (1762-1766), démoli en 1936 pour permettre l'élargissement du Mühlendamm, a été entièrement reconstruit en 1987 à 12 m de son emplacement d'origine. Seuls les éléments décoratifs sont d'origine. Le palais accueille diverses expositions temporaires sur l'histoire culturelle de Berlin. À l'entrée, un escalier majestueux conduit à une salle de bal.
En face du palais Ephraim, la façade jaune pâle du **palais Schwerin** (1704) côtoie la **Nouvelle Monnaie** bâtie par les nazis.

MÄRKISCHES UFER★

(Quai de la Marche de Brandebourg)
G-H4 Il offre un décor attachant : péniches et bateaux sont amarrés le long du canal bordé de maisons anciennes et de terrasses de cafés. Entre les deux ponts (Inselbrücke et Roßstraßenbrücke), la succession des six maisons bourgeoises des 18e et 19e s. fleure bon le vieux Berlin. L'**Ermelerhaus**, au n° 10, fait partie des plus anciens édifices de l'arrondissement de Mitte : sa façade, néoclassique, ne date que de 1804 mais la demeure est mentionnée dans les archives depuis le 16e s.

MÄRKISCHES MUSEUM★

(Musée de la Marche de Brandebourg)
H4 Am Köllnischen Park 5 - ℘ 240 021 62 - www.stadtmuseum.de - mar.-dim. 10h-18h - 5 € (gratuit le 1er merc. du mois).
Édifié en 1908 par Ludwig Hoffmann, ce musée collectionne tous les objets ayant trait à l'histoire de Berlin. Ses deux étages sont donc une invitation à découvrir la ville, du Ku'damm à la Stalinallee. Parmi les trésors insoupçonnés : le **Kaiser-Panorama** – un dispositif conçu (1883) par le physicien August Fuhrmann pour permettre à des spectateurs de visionner 25 vues stéréoscopiques – et le **salon de coiffure** à lambris d'acajou et lavabos de marbre vert. Réalisé par **Henry van de Velde** au n° 7 de la Mittelstraße, il a servi jusqu'en 1940.

VISITER BERLIN

Prenzlauer Berg ★★

Les rues paisibles de Prenzlauer Berg, bordées d'immeubles au charme très mitteleuropéen, séduisent par leur atmosphère unique. Bastion de la culture alternative et de l'engagement politique après la chute du Mur, le quartier s'est transformé, au fur et à mesure de sa rénovation, en eldorado pour bourgeois bohèmes.

▶ **Accès** : **U** 2 Senefelderplatz, Eberswalder Straße, Schönhauser Allee, **U** 8 Rosenthalerplatz, Bernauer Straße, **S** 8 Prenzlauer Allee, Schönhauser Allee. ***Plan de quartier p. 38-39. Plan détachable G1, H1-2.***
▶ **Conseil** : relativement épargné par les bombardements, le quartier conserve de nombreux édifices datant de l'ère impériale. Levez les yeux pour les admirer !

JÜDISCHER FRIEDHOF SCHÖNHAUSER ALLEE★

(Cimetière juif de la Schönhauser Allee)

H2 Schönhauser Allee 23-25 - ℘ 441 98 24 - lun.-jeu. 8h-16h, vend. 8h-13h.

La densité de la végétation confère au lieu un charme profond. De part et d'autre des allées, des pierres tombales toutes simples alternent avec de somptueux tombeaux. C'est dans ce cimetière, inauguré en 1827, après la fermeture du cimetière de la Große Hamburger Straße (⬥ *p. 40*), devenu trop petit, que reposent le compositeur Giacomo Meyerbeer (1791-1864), le peintre Max Liebermann (1847-1935) et l'éditeur Leopold Ullstein (1826-1899).

WASSERTURM

(Château d'eau)

H2 Angle Kolmarer Str./Knaackstr.

Le *Dicker Hermann* (« le gros Hermann »), comme les Berlinois aimaient à l'appeler, a vu le jour en 1875-1876. Ce château d'eau en brique a pris la suite des premières installations d'eau de Berlin, aménagées ici en 1856, sur l'ancien Windmühlenberg (la « butte au moulin à vent »). Une plaque commémorative rappelle qu'aux premières heures du national-socialisme la tour et la salle des machines étaient utilisées par les SA, qui y torturaient les opposants au régime. Situé au cœur d'un square, il abrite désormais des logements.

SYNAGOGUE RYKESTRASSE

H2 *Rykestr. 53.*
Cette synagogue, qui a fêté son centenaire en 2004, est aujourd'hui la plus grande d'Allemagne. Du temps de la RDA, elle était la seule à la disposition de la petite communauté juive de Berlin-Est. L'édifice en brique de style néo-roman, conçu par l'architecte **Johann Hoeniger**, a miraculeusement survécu à la Nuit de cristal (probablement du fait de sa situation en retrait de la rue) ainsi qu'aux bombardements.

MUSEUM PANKOW

H2 *Prenzlauer Allee 227/228 - 902 953 916 - mar.-dim. 10h-18h - gratuit.*
À proximité du château d'eau, une ancienne école primaire construite en 1886 accueille un musée consacré à l'histoire de l'arrondissement de Pankow et de l'un de ses quartiers en particulier, Prenzlauer Berg, où afflua, à la fin du 19e s., un flot d'immigrés originaires de l'Est. Une exposition permanente retrace le destin de l'école juive de la Rykestraße jusqu'à sa fermeture par les nazis en 1941. Une intéressante série de **photos** (1987-2009) permet aussi de comparer les façades de l'Oderberger Straße avant et après restauration.

KOLLWITZPLATZ★

H1-2 Cette place, bordée de façades anciennes et entourée de verdure, respire l'atmosphère typique de Prenzlauer Berg. Les jours de marché, elle est noire de monde. Dans le square, près du terrain de jeux, une statue rend hommage à l'artiste **Käthe Kollwitz** (1867-1945), dont les œuvres s'ancrent dans le pacifisme et la critique sociale (*encadré p. 95*).

HUSEMANNSTRASSE

H1 Cette rue fut l'une des premières à être restaurée en 1987, pour le 750e anniversaire de Berlin. Les façades furent nettoyées et des échoppes à l'ancienne installées en devanture. Par ce geste, les autorités de la RDA réhabilitaient timidement le passé, en soulignant, sans le vouloir, l'état calamiteux des rues du voisinage. Depuis la chute du Mur, les boutiques se sont mises au goût du jour.

KULTURBRAUEREI★

G-H1 *Schönhauser Allee 36-39 - 44 31 51 52 - www.kulturbrauerei.de - entrée Knaackstr. 97 ou Sredzkistr. 1.*
Cette ancienne brasserie berlinoise *(Schultheiss)*, bâtie entre 1887 et 1891 par l'architecte **Franz Schwechten** sur 25 000 m², fut l'une des plus importantes de la ville avant sa fermeture en 1967, et celle dont l'architecture est la plus aboutie : avec leurs arches et leurs tourelles, les différents ateliers dénotent en effet une réelle préoccupation esthétique. Le tout a été réhabilité avec soin en 1998-2000 : des salles de concerts, des restaurants, un cinéma et un supermarché ont investi les lieux sans en altérer le caractère industriel. Depuis 2013, on y trouve aussi un musée consacré à l'ex-RDA : **Alltag**

PRENZLAUER BERG

> **La bohème**
> *Après-guerre, Prenzlauer Berg est devenu le refuge des artistes, des étudiants et de tous ceux qui, peu soucieux de confort matériel, souhaitaient vivre en marge. Derrière les façades délabrées et dans le désordre des arrière-cours se sont ainsi développés des mouvements artistiques et intellectuels officieux. Après la chute du Mur, le quartier est devenu un haut lieu de l'engagement politique, de la culture alternative et de la vie nocturne. Mais sa rénovation a eu raison des anciens habitants qui ont été remplacés par une population plus bobo, dont beaucoup de « Wessis » (Allemands de l'Ouest) séduits par l'ambiance bohème du quartier.*

in der DDR★ *(Knaackstr. 97 - ℘ 46 77 77 90 - www.hdg.de - mar.-dim. 10h-18h, jusqu'à 20h le jeu. - gratuit).* Plus nuancé et plus complet que le DDR-Museum (👤 *p. 35*), il met le doigt sur les paradoxes d'un État qui se rêvait sans classes et sur le quotidien d'un peuple qui, pour survivre, devait se montrer très... créatif !

HELMHOLTZPLATZ★

H1 Encore une de ces places paisibles dont Prenzlauer Berg a le secret. Belles façades restaurées, arbres séculaires et cafés se partagent les lieux. Le week-end, une population jeune et familiale vient prendre un brunch en terrasse.

KASTANIENALLEE★

G1 C'est la rue emblématique de Prenzlauer Berg, plantée de châtaigniers comme son nom l'indique, où de nombreux stylistes berlinois tiennent boutique, au milieu des cafés branchés.

ZIONSKIRCHE★

(Église de Sion)
G2 *Zionskirchplatz - mar. 15h-17h, merc.-sam. 14h-19h, dim. 12h-17h.*
Édifiée sur le point culminant de la ville, l'église évangélique de Sion offre le visage simple et amène d'une paroisse de village. Des carreaux de céramique rouges et des briques jaunes jouent avec les couleurs à l'ombre d'un clocher effilé *(accessible le dim. 12h-16h ; 104 marches !)*. À son pied, un square entoure l'édifice d'un rideau de verdure. Dans ce sanctuaire officia le pasteur **Dietrich Bonhoeffer**, juste avant l'arrivée des nazis au pouvoir. Entré par la suite dans la Résistance, il fut arrêté en 1943 et condamné à mort en 1945. Une statue lui rend hommage dans le square, côté ouest. À l'époque du Mur, le presbytère abritait l'**Umweltbibliothek**, cercle de réflexion sur la RDA, très surveillé par la Stasi qui mit fin à ses activités en 1987 et arrêta plusieurs de ses membres.

GEDENKSTÄTTE BERLINER MAUER★★

(Mémorial du Mur de Berlin)
F2 *Bernauer Straße 111-119 - ℘ 467 98 66 66 - www.berliner-mauer-gedenkstaette.de - expo et site extérieur : tlj 8h-22h - centre de doc. : mar.-dim. 10h-18h - gratuit.*

VISITER BERLIN

Mémorial du Mur de Berlin.

Inauguré le 13 août 2011, soit cinquante ans après l'érection du Mur, ce Mémorial offre un témoignage historique très intéressant sur le Berlin divisé : il s'agit du dernier tronçon du Mur de Berlin encore conservé dans son intégralité, avec mur intérieur, chemin de ronde, miradors et « no man's land ». On peut l'observer depuis une tour panoramique qui abrite un centre de documentation regroupant de nombreux documents d'archives émouvants (photographies, enregistrements, films…) sur les familles qui se sont retrouvées séparées du jour au lendemain par le Mur coupant la ville. Juste à côté se trouve la chapelle de la Réconciliation (Kapelle der Versöhnung), bâtie en 2000 sur l'emplacement d'une église qui s'était retrouvée au milieu de ce grand terrain vague et qui fut détruite en 1985 par la RDA.

FRIEDRICHSHAIN

Friedrichshain

À chacun ses symboles... Les rois de Prusse avaient tracé l'avenue Unter den Linden ; pour les communistes, ce sera la Stalinallee, renommée après 1961 Karl-Marx-Allee ! Cette immense artère de près de 2 km de long, qui s'inspire du style « confiseur » propre aux immeubles moscovites, incarne le socialisme triomphant de l'ex-RDA. Elle traverse le quartier de Friedrichshain, dont le caractère ouvrier est rappelé par la concentration de friches industrielles et de Mietskasernen. Ses loyers encore assez bas comparés à ceux de Mitte ou de Prenzlauer Berg attirent étudiants et artistes.

▶ **Accès** : Ⓢ 3, 5, 7, 75 Warschauer Straße, Ostbahnhof, Ⓤ 5 Frankfurter Tor, Weberwiese, Strausberger Platz, Ⓤ 1 Schlesisches Tor, Warschauer Straße. **Plan détachable H 2-4.**
▶ **Conseil** : la meilleure façon de découvrir la Karl-Marx-Allee est de la parcourir à pied ; prévoyez donc de bonnes chaussures !

KARL-MARX-ALLEE★

H3 Un autre Berlin se dévoile ici. Conçue comme un contre-modèle à l'architecture « capitaliste » de l'Ouest et à l'avenue d'Unter den Linden, trop marquée par l'héritage prussien, la Karl-Marx-Allee a connu trois phases d'urbanisation distinctes. Elles étaient guidées par une même idée : créer un nouveau type d'habitation qui romprait avec le modèle des *Mietskasernen* (casernes locatives) et leurs sombres logements sur cour.
Des édifices de cinq étages sont construits entre 1949 et 1950 sur le côté sud de l'avenue, quelque peu dissimulés par les arbres (n°s 126-128 et 102-104). Fonctionnels, ils sont influencés par les théories du Bauhaus (👣 *p. 161*). À partir de 1951 et jusque dans les années 1960, six collectifs emmenés par l'architecte **Hermann Henselmann** (1905-1995) réalisent les spectaculaires ensembles de sept à neuf étages (au total 5 000 logements et 200 boutiques). Les bâtiments, dotés d'un soubassement en pierre de taille, sont habillés de plaques de céramique. Une vraie réussite esthétique.
Au n° 78, l'ancienne librairie Karl-Marx, classée monument historique, joue encore, parfois, au salon littéraire dans un immeuble conforme à l'orthodoxie socialiste ; au n° 72, le Café Sybille *(lun. 11h-19h, mar.-dim. 10h-19h)* abrite un centre d'informations et une petite exposition sur l'histoire de la Karl-Marx-Allee.

FRANKFURTER TOR★

H4 Un vertige vous saisit devant l'espace immense dans lequel s'engouffre la Karl-Marx-Allee.

En 1954, **Hermann Henselmann**, l'architecte en chef du projet de l'artère (et de la Maison de l'enseignant sur l'Alexanderplatz, ♿ *p. 43*), a flanqué les immeubles bordant le carrefour de deux tours, couronnées de dômes qui imitent ceux de Gontard sur le Gendarmenmarkt.

VOLKSPARK FRIEDRICHSHAIN★

(Parc de Friedrichshain)
H2-3 Friedensstr., au nord de la Platz der Vereinten Nationen (« place des Nations-Unies »).
Ce parc a été fondé à l'occasion du centenaire de l'accession au trône de Frédéric II (1840), pour servir de poumon vert aux quartiers populaires de l'Est ; c'est l'un des plus agréables de la ville. Des sentiers sinueux traversent cette vaste étendue boisée et grimpent sur deux collines (*Bunkerberge*) formées par les gravats de la guerre, notamment ceux des deux bunkers construits sur le site. Les autorités y avaient entreposé des chefs-d'œuvre des musées berlinois mais, en 1945, les bombardements les réduisirent en miettes. Sur la gauche de l'entrée sud, un cimetière, le **Friedhof der Märzgefallenen**, abrite les sépultures des victimes de la révolution de mars 1848. À l'ouest du parc, la ravissante **fontaine des Contes de fées** (*Märchenbrunnen*, 1913) offre des jeux d'eau en cascades tandis que le parc de loisirs (*Freizeitpark*), à l'est, propose de nombreuses activités : bowling, baraque de tir, escalade libre, minigolf, ping-pong, beach-volley, inline-skate (piste de 700 m), tennis, croquet, *boccia* (jeu de boules italien) et échecs. Profitez-en pour faire une pause dans le Biergarten du café Schönbrunn (*avr.-oct. : tlj 10h-23h ; nov.-mars : sam.-dim. 10h-17h30*).

STASI MUSEUM★

Hors plan par H3
Ⓤ *5 Magdalenenstraße - Ruschestraße 103 (Haus 1) - ✆ 553 68 54 - www.stasimuseum.de - lun.-vend. 10h-18h, sam.-dim. 11h-18h - 6 €.*
De sinistres barres d'immeubles, une ambiance pesante… : vous voici au cœur de l'ancien QG de la **Stasi**, le redoutable et machiavélique service de police politique, renseignements et contre-espionnage dont s'était dotée la RDA en 1950 pour traquer les opposants au régime et tout savoir de tout le monde. Organisée à la manière du KGB, la Stasi – « glaive et bouclier du Parti » – s'appuyait sur un réseau de 91 000 agents officiels et de 189 000 collaborateurs officieux. Son « bâtiment n° 1 » (**Haus 1**) a été transformé en musée. Vous y verrez, conservés en l'état, les bureaux d'Erich Mielke, qui était à la tête du service, et de ses proches collaborateurs. Rien n'y manque : microphones, caméra miniature, cellule… Quelques scènes du film *La Vie des autres* ont été tournées dans ces locaux. Depuis 2016, une exposition en plein air, devant l'immeuble, évoque la Révolution pacifique qui a conduit à la Chute du Mur en 1989 (explications en allemand et en anglais).

FRIEDRICHSHAIN

Grandeur et décadence

À l'époque du socialisme triomphant, les défilés militaires, les manifestations pour la paix et les grandes commémorations se tenaient toujours sur la Karl-Marx-Allee. Mais Staline, en l'honneur de qui fut tracée l'avenue, n'y a jamais posé le pied. Outre sa dimension politique, la Karl-Marx-Allee était aussi un lieu de divertissement. Son cinéma, ses commerces et les cafés Moskau, Warschau, Bukarest attiraient les foules. Les habitants de l'avenue, travailleurs méritants ou cadres influents du Parti, partageaient le privilège d'habiter dans des logements au confort luxueux pour l'époque (l'architecte Henselmann lui-même résidait dans l'une des tours qu'il a bâties au niveau de la Frankfurter Tor). Le boulevard a sombré dans une profonde léthargie après 1989. Délaissé par les jeunes qui lui préfèrent les bars de la très animée Simon-Dach-Straße, il n'est plus emprunté que par les résidents, pour la plupart des retraités. Il règne ici une certaine « ostalgie » (nostalgie de l'ex-RDA, ☞ p. 35).

EAST SIDE GALLERY★★

Hors plan par H4 Mühlstr. - Ⓢ Ostbahnhof ou Ⓤ Warschauer Straße.
Dans un décor de friches industrielles, les 1300 m de l'ancien Mur vous invitent à un saut dans un passé récent. En longeant le Mur, vous découvrirez une galerie d'art à ciel ouvert : la fresque réalisée en 1990 (et rénovée en 2009) par des artistes internationaux évoque la division de la ville. Parmi les scènes célèbres figure le *Bruderkuss*, le baiser socialiste échangé entre Honecker et Brejnev, peint par **Dmitri Vrubel** d'après un cliché du reporter Régis Bossu.
À découvrir aussi, à droite de l'East Side Gallery, **The Wall Museum at East Side Gallery** *(Mühlerstr. 78-80 - ✆ 827 177 17 - thewallmuseum.com tlj 10h-19h - 12,50 €, - 10 ans gratuit)*, un tout nouveau musée dédié au Mur qui en retrace l'histoire, des raisons ayant engendré sa construction jusqu'à sa chute.

OBERBAUMBRÜCKE★

(Pont de l'Oberbaum)
Hors plan par H4 Ⓤ Schlesisches Tor ou Warschauer Straße.
Ce pont qui relie Kreuzberg à Friedrichshain doit son nom à la digue à péage composée de troncs d'arbres *(Baum)* qui, au 18e s., s'élevait à cet endroit. Bâti dans un style néogothique (1896), il ressemble un peu à la Tower Bridge de Londres. Du temps du Mur, il servait de poste-frontière entre l'Ouest et l'Est. Sa restauration dans les années 1990 a rendu tout son éclat à ses tourelles, pignons et arcades crénelées. La section médiane est l'œuvre de **Santiago Calatrava** (1994).

OBERBAUM CITY

Hors plan par H4 Ⓤ Schlesisches Tor ou Warschauer Straße.
La tour, surmontée d'un immense cube de verre, offre un point de repère fascinant, surtout de nuit,

VISITER BERLIN

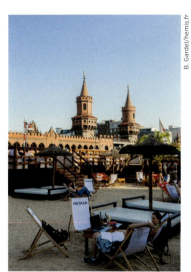

Vue sur Kreuzberg, depuis la terrasse du café Pirates.

dès qu'elle s'illumine. À ses pieds s'étend le complexe de bureaux de l'Oberbaumcity, aménagé dans les ateliers de production de lampes à incandescence de l'entreprise Osram (dénommée « Narva » du temps de la RDA), qui ont fermé leurs portes en 1990. Dans la succession de cours intérieures se sont installées 80 entreprises de service, mais dans cette petite ruche où viennent chaque jour travailler 3 500 employés, de nombreux bureaux restent inoccupés.

SOWJETISCHES EHRENMAL★

(Mémorial soviétique)
Hors plan par H5 S *Treptower Park - dans la partie sud du Treptower Park.* Ce monument dédié aux milliers de soldats de l'Armée rouge tombés au combat lors de la Seconde Guerre mondiale surprend par ses dimensions gigantesques. Érigé en 1949, il comporte notamment une immense statue représentant un héros épée à la main, sauvant un enfant.

Good bye Lenin !

Vingt-cinq ans après la chute du Mur, il est toujours difficile de tirer un bilan objectif des années 1949-1989 durant lesquelles une moitié de l'Allemagne et une moitié de Berlin se sont trouvées enfermées en RDA (DDR en allemand). Mené tambour battant, le processus de réunification a très vite (trop vite ?) voulu gommer toute trace de l'identité est-allemande et ne retenir de ces quatre décennies que des images négatives, comme si la RDA se réduisait au Mur et à la Stasi. Or, la réalité est plus complexe, même s'il ne fait aucun doute que cet État était totalitaire et ultra-répressif. Le film **Good bye, Lenin !** *de Wolfgang Becker (2003), a réveillé chez beaucoup d'ex-Allemands de l'Est une « ostalgie » (p. 57) pour leur vie passée. Pas seulement pour les chants des jeunes pionniers ou les cornichons du Spreewald mais aussi pour les aspects plus positifs de l'ancien régime (plein emploi, transports subventionnés, logement assuré, égalité hommes-femmes...). Dans les quartiers est de Berlin, cette ostalgie touche de nombreux habitants choqués par les licenciements et la spéculation immobilière. Un livre pour mieux saisir ce que fut la RDA ?* ***Histoire d'un Allemand de l'Est*** *par Maxim Leo (Actes Sud, 2010).*

Gendarmenmarkt ★★

Restaurants gastronomiques, hôtels chic, ministères et ambassades... le quartier autour du Gendarmenmarkt est devenu une adresse fréquentée par la haute société berlinoise, qui aime faire ses courses dans les boutiques de luxe de la Friedrichstraße.

▶ **Accès :** U 6 Französische Straße, Stadtmitte, U 2 Hausvogteiplatz.
Plan de quartier p. 26-27. Plan détachable F4.

PLACE DU GENDARMENMARKT ★★

F4 Un petit parfum italien flotte sur les coupoles des églises française et allemande qui se font face. Au centre de l'esplanade s'invite le magnifique théâtre néoclassique de Schinkel. Les effets de symétrie, la troublante similitude des églises et la grâce des architectures font de cette place l'une des plus belles de Berlin. Devant l'escalier d'honneur du Konzerthaus se dresse une élégante statue en marbre de **Schiller**, maître d'œuvre des lieux, accompagnée des allégories de l'Histoire, de la Philosophie, de la Poésie lyrique et de l'Art dramatique (1869).

KONZERTHAUS ★★

F4 *Gendarmenmarkt 2 - ☏ 20 309 23 33 - www.konzerthaus.de - visites guidées (durée : 75mn), en général le sam. à 13h - 3 €.*
Le benjamin des édifices de la place est aussi celui qui fait montre du plus grand talent. Ce **temple néoclassique** achevé en 1821 constitue en effet une œuvre maîtresse de **Karl Friedrich Schinkel** (♿ *p. 164*). Il fut élevé à l'emplacement du Théâtre national que Carl Gotthard Langhans avait bâti sous le règne de Frédéric II (de ce théâtre, détruit par un incendie en 1817, Schinkel n'a conservé que les six colonnes ioniques du portique). Sur le fronton principal, la statue d'Apollon et son char, de Christian Daniel Rauch, salue les visiteurs, qui empruntent l'escalier majestueux réservé, à l'époque, au public roturier. La noblesse était, quant à elle, déposée par les fiacres devant une entrée particulière située sous l'escalier.

Les statues et reliefs, qui accentuent l'élégance de l'édifice, ont été sculptés par **Christian Friedrich Tieck** (1776-1851) d'après les dessins de Schinkel. Pour ce projet de théâtre qui lui tenait particulièrement à cœur, Schinkel s'était aussi chargé de la décoration intérieure, veillant au moindre détail. Irrémédiablement endommagé pendant la guerre, le théâtre fut complètement rebâti, dans un style classique assez éblouissant. Ce n'est qu'en 1984 que cette institution culturelle a rouvert ses portes sous le nom de Konzerthaus.

FRANZÖSISCHER DOM ★

(Église française)
F4 *Gendarmenmarkt 5 - ☎ 20 67 46 90 - www.franzoesischer-dom.de - d'avr. à oct., mar.-dim. 10h-19h ; de nov. à mars, horaires réduits - concerts d'orgue (gratuits ou 3 € selon les dates : billetterie tlj 10h-18h30).*
La prestance de l'église française située au nord de la place traduit l'influence de la communauté protestante d'origine française à Berlin. Elle a été édifiée entre 1701 et 1705 sur le modèle du temple protestant de Charenton-le-Pont (Val-de-Marne), détruit en 1688 après la révocation de l'édit de Nantes. Elle a été dotée d'une coupole à la fin du 18e s. lors des travaux d'embellissement de la place dirigés par Karl von Gontard. Le personnage qui somme le clocher symbolise le Triomphe de la Religion. Vous pourrez visiter le **musée des Huguenots** *(entrée à l'est de la coupole - ☎ 229 17 60 - mar.-dim. 12h-17h - 3,50 €)*, qui retrace l'émigration des protestants français dans le Brandebourg et leur apport à la culture et à l'économie prussiennes.

DEUTSCHER DOM ★

(Église allemande)
F4 *Gendarmenmarkt 1 - ☎ 22 73 04 31 - mar.-dim. 11h-17h - gratuit.*
L'église allemande fut élevée trois ans après sa consœur française. Conçu en 1708, l'édifice central repose sur un plan pentagonal plutôt inhabituel, largement remanié dans les années 1880 dans un style néobaroque. Le personnage qui couronne la coupole, adjoint en 1785, représente le Triomphe de la Vertu. Après les destructions de la guerre, seules les façades extérieures ont été reconstituées.

FRIEDRICHSTADTPASSAGEN ★

F4 *Friedrichstr. 67-76.*
Boutiques chic, bureaux aux loyers prohibitifs... rien ne semble trop beau pour la « rue de la soif » d'avant-guerre, qui affiche aujourd'hui un luxe ostentatoire. 2,6 milliards d'euros ont été investis dont presque la moitié dans les trois « Quartiere », trois blocs d'immeubles reliés les uns aux autres et situés entre la Französische Straße et la Mohrenstraße.
Galeries Lafayette★ – *Quartier 207, Friedrichstr. à l'angle de la Französische Str.* Conçu par **Jean Nouvel**, cet immeuble en verre est fréquenté par le Tout-Berlin. Son élément le plus spectaculaire ? Le cône géant recouvert de miroirs qui captent puissamment la lumière.
Quartiers 206★ et 205 – Imaginé par les cabinets d'architectes américains Pei, Cobb, Freed & Partners, le **Quartier 206** est particulièrement surprenant la nuit, quand l'éclairage vient souligner son architecture. Le hall, avec son pavement en marqueterie de marbre, reflète un luxe certain et l'ensemble puise clairement son inspiration dans l'Art déco. Le **Quartier 205**, réalisé par **Oswald Mathias Ungers** (1926-2007), s'avère plus austère. Il s'articule autour d'éléments carrés de différentes hauteurs et couleurs.

VISITER BERLIN

Autour du Checkpoint Charlie★

Le poste-frontière par lequel diplomates, militaires et étrangers pouvaient circuler entre Berlin-Ouest et Berlin-Est à l'époque où le Mur coupait la ville en deux est l'une des curiosités les plus courues de la ville. Tout autour se dessine une ville wilhelminienne, avec des immeubles magnifiquement restaurés, invitant à la flânerie... Les grands quotidiens berlinois « Tageszeitung », « Bild » et « Tagesspiegel » y ont leurs locaux.

▶**Accès** : **U** 1,6 Hallesches Tor, 6 Kochstraße, 1, 2 Gleisdreieck.
Plan de quartier p. 68-69. Plan détachable E6, F5-6-7, G5-6.

JÜDISCHES MUSEUM★★★

(Musée juif)

F-G6 *Lindenstr. 9-14 - ✆ 259 933 00 - www.jmberlin.de - ♿- tlj 10h-20h (lun. 22h) - fermé lors des fêtes juives de Roch Hachana et Yom Kippour, ainsi que le 24 déc. - 8 € (audioguide en français 3 € - en été, concerts de jazz gratuits le dim. 11h-13h).* En 1933, un petit musée d'Histoire juive avait déjà vu le jour à Berlin, sur l'Oranienburger Straße, mais il fut fermé par les nazis dès 1938. Il a fallu attendre 2001 pour qu'un nouveau Musée juif ouvre ses portes. Confiée à l'architecte **Daniel Libeskind**, qui a intitulé son projet « Between the Lines » (« Entre les lignes »), la construction joue sur une symbolique très forte : deux lignes en forme d'éclairs se croisent et créent des espaces vides dans le bâtiment, métaphores de l'histoire judéo-allemande. Un ensemble de couloirs semi-souterrains, dont l'orientation et la pente créent un effet de déséquilibre, accueille le visiteur : l'**Achse der Kontinuität**★ (rue de la Continuité), qui mène aux collections, croise une rue qui conduit au jardin de l'Exil, tandis que le second axe se termine en impasse dans la **tour de l'Holocauste**★. Un **escalier**★ mène à l'**exposition permanente**★★.

CHECKPOINT CHARLIE★

F5 *Friedrichstr.*
Le lieu est indissociable d'un grand épisode de la **guerre froide** : en octobre 1961, le monde retient sa respiration alors que chars soviétiques et américains se font face. Quelques mètres seulement les séparent. Les portraits géants d'un soldat américain et d'un soldat soviétique, œuvre de

AUTOUR DU CHECKPOINT CHARLIE

East Side Gallery, graff datant des années 1990 (rénovée en 2009) représentant le Checkpoint Charlie.

l'artiste **Frank Thiel**, évoquent ce moment. Une **reproduction** du poste de garde a également été installée. Pourquoi Checkpoint « Charlie » ? Les trois points de contrôle entre l'Est et l'Ouest avaient reçu des noms de code : **Alpha** pour le poste-frontière RDA-RFA de Helmstedt ; **Bravo**, pour le point de passage entre la RDA et Berlin-Ouest de Dreilinden et **Charlie** pour le passage entre Berlin-Ouest et Berlin-Est.

MAUERMUSEUM – MUSEUM HAUS AM CHECKPOINT CHARLIE★

(Musée du Mur Checkpoint Charlie)
F5 *Friedrichstr. 43-45 - ℘ 253 72 50 - www.mauer-museum.com - tlj 9h-22h - 12,50 €.*

Un intéressant petit musée qui retrace l'épopée du Mur, avec des objets originaux, des récits de fuites et de passages du Mur rocambolesques. Nombreux panneaux explicatifs en français. De l'autre côté de la rue, à l'entrée de la Zimmerstraße, l'artiste **Yadegar Asisi** a réalisé, à l'intérieur d'une rotonde, un **panorama**★ fictif mais assez saisissant du Mur dans le Berlin des années 1980 (« *The Wall* » - ℘ 341 35 55 340 - www.asisi. de - tlj 10h-18h ; jusqu'à 19h de mi-juil. à mi-sept. - 10 €).

« TOPOGRAPHIE DES TERRORS »★

F5 *Niederkirchnerstr. 8 - ℘ 254 509 50 - www.topographie.de*

- intérieur : tlj 10h-20h ; extérieur : ouvert jusqu'à la tombée de la nuit - fermé 1ᵉʳ janv., 24 et 31 déc. - gratuit.
Cette exposition en plein air se trouve derrière un pan de **Mur★★**, sur les ruines des **administrations centrales du IIIᵉ Reich**. La Gestapo, la direction des SS *(Reichsführung SS)*, le Service de sécurité de la SS *(Sicherheitsdienst* ou SD) et l'Office central de la sécurité du Reich *(Reichssicherheitshauptamt)* étaient regroupés ici. L'exposition évoque l'histoire des organismes de répression et le destin des personnes poursuivies. Un centre de documentation *(mar.-dim. 10h-18h)* accueille en parallèle des expositions temporaires.

MARTIN-GROPIUS-BAU★★

(Bâtiment Martin-Gropius)
F5 *Niederkirchnerstr. 7 - ℘ 25 48 60 - www.gropiusbau.de - merc.-lun. 10h-19h ou 20h (horaires et prix variables en fonction des expos) - 7 à 14 €.*
Conçu par Martin Gropius (le grand-oncle de Walter Gropius qui fut le chef de file du Bauhaus (🕮 *p. 161*), ce bâtiment néo-Renaissance en forme de cube (1881) est inspiré de l'Académie d'architecture de Schinkel. il était destiné à l'origine à abriter le musée royal des Arts décoratifs. Il accueille à présent de grandes expositions. La décoration très raffinée de céramiques, mosaïques et frises en pierre l'apparente à un palais italien. L'intérieur, avec la majestueuse salle à colonnes, témoigne du savoir-faire des décorateurs prussiens de l'époque des Fondateurs (Gründerzeit, 1848-1873, correspondant à une très forte période de croissance économique.

BERLINISCHE GALERIE★

(Galerie berlinoise)
G5 *Alte-Jakob-Str. 124-128 - ℘ 789 026 00 - www.berlinischegalerie.de - ♿ - merc.-lun. 10h-18h - fermé 24 et 31 déc. - 8 € (5 € sur prés. du billet du Jüdisches Museum ; 6 € le 1ᵉʳ lun. du mois).*
La « Galerie berlinoise », restaurée en 2015, accueille régulièrement des expos de photos, d'architecture, d'art moderne et contemporain. La collection permanente retrace les grands moments de la création à Berlin, de 1880 à 1980 : la Sécession, les artistes russes à Berlin ou encore l'art sous le régime nazi...

LIQUIDROM★

F6 *Möckernstraße 10 - ℘ 258 007 820 - www.liquidrom-berlin.de - dim.-jeu. 10h-0h, vend.-sam. 10h-1h - 24,50 € les 4h.*
Dans le même bâtiment que la salle de concert **Tempodrom**, le lieu, avec son décor minéral, a tout pour vous séduire : dans une piscine d'eau salée (à 34 °C), vous pourrez vous détendre en écoutant des concerts sous-marins accompagnés de superbes jeux de lumière ! Après le bain, laissez-vous tenter par le sauna ou par un massage aux huiles aromatiques. Dépaysement garanti !

Kreuzberg★★

Kreuzberg, centre de la contre-culture de Berlin-Ouest dans les années 1980... Ce mythe recouvre des réalités bien différentes et le quartier présente en fait plusieurs visages. Des centres culturels alternatifs côtoient l'importante communauté turque du « Petit Istanbul », tandis que cafés et boutiques branchés fleurissent à tous les coins de rue. Avec son armada de bars ouverts toute la nuit, c'est « le » quartier où faire la fête.

▶**Accès** : [U] 1, 8 Kottbusser Tor, 8 Schönleinstraße.
Plan de quartier p. 68-69. Plan détachable F6-7, G6, H5-6.
▶**Conseil** : pour raccourcir le trajet entre « Kotti » (le quartier de Kottbusser Tor, **D2**) et la Bergmannstraße **B3**, n'hésitez pas à prendre le bus 140 qui dessert Prinzenstr. et Gneisenaustr.

FHXB-MUSEUM★

(Musée de Friedrichshain-Kreuzberg)
H6 - Adalbertstr. 95a - ℘ 505 852 33 - www.fhxb-museum.de - mar.-dim. 10h-19h - gratuit.
Ce petit musée retrace sur trois étages l'histoire de l'arrondissement de Kreuzberg qui a fusionné en 2001 avec celui de Friedrichshain. Les explications sont toutes en allemand mais les documents exposés – photos, affiches, maquettes... – donnent un bon aperçu de « l'esprit » du quartier : la bohème des années 1960, la vie des familles immigrées, les squats et les mouvements de protestation contre les hausses de loyer...

ORANIENSTRASSE★

H5-6 Cette rue à la mode du « Kreuzberg alternatif » est jalonnée de cafés, de boutiques de vêtements, de librairies et de bazars turcs. Jetez un œil sur la belle cour aux façades carrelées du n° 25, qui abrite un inclassable... **musée des Choses** (Museum der Dinge - ℘ 92 10 63 11 - www.museumderdinge.de - jeu.-lun. 12h-19h - 5 €).

MARIANNENPLATZ★

H5 Cette jolie place a été aménagée par le paysagiste Peter Joseph Lenné au milieu du 19e s.
Au nord de la place, l'**église évangélique St-Thomas** a été édifiée par Friedrich Adler entre 1864 et 1869. En face se dresse une drôle de bicoque faite de bric et de broc, entourée d'un potager. C'est la fameuse « maison du Mur », construite dans les années 1960 par un immigré turc à côté du Mur, sur ce qui était alors un terrain vague. L'église, qui était propriétaire du terrain, le lui a offert après la réunification.

KUNSTQUARTIER BETHANIEN★★

(Quartier des arts de Béthanie)

H5 Mariannenplatz 2 - www.kunstquartier-bethanien.de - ouv. au gré des expos (en général, tlj 12h-18h) - gratuit.

La Mariannenplatz est bordée, à l'ouest, par un **ancien hôpital★★** construit en 1845-1847 par Theodor Stein pour l'ordre des diaconesses. Laissé à l'abandon, il a été squatté à partir des années 1970 et abrite désormais un centre culturel, le Quartier des arts de Béthanie, qui propose de multiples activités tout en conservant son caractère expérimental des années de squat.

PRINZESSINNENGARTEN

G5 Prinzenstr. 35-38 - ☏ 0176 243 322 97 - www.prinzessinnengarten.net - tlj 11h-18h d'avr. à oct.

Une oasis de verdure de 6 000 m^2 en pleine ville! Installée depuis 2009 sur un ancien terrain vague, cette **ferme urbaine** aux préoccupations écologiques réinvente l'art du jardin : ici légumes et herbes aromatiques poussent hors-sol, dans des sacs et des caisses. On peut aussi y boire un verre et y manger *(12h-22h)*. ♿ *p. 166.*

LANDWEHRKANAL★★

G-H6 Les quais qui longent le Landwehrkanal au niveau du Kottbusserdamm offrent d'agréables promenades à l'ombre des arbres. Côté Est, le Maybachufer, à l'orée de Neukölln, accueille le marché turc où l'on peut déguster sur le pouce de délicieux *böreks*. Promenez-vous plutôt côté Ouest, le long des belles façades de Planufer. Juste en face se dresse la synagogue orthodoxe du Fraenkel Ufer : en partie détruite par les nazis (seule une aile a été préservée), elle est aujourd'hui de nouveau affectée au culte. Traversez le canal et poussez jusqu'aux nos **38 et 44★★ du Fraenkel Ufer** pour admirer les jardins et les immeubles réalisés par Inken et Hinrich Baller en 1982-1984. Après le pont Admiralbrücke, où se rassemble la jeunesse berlinoise à la belle saison, les quais laissent place à de verdoyantes berges. Idéal pour un pique-nique ou une balade.

SO 36 et SW 61, les « deux » Kreuzberg

Bien que désuet aujourd'hui, le terme légendaire « SO 36 » a longtemps désigné la partie de Kreuzberg située au nord-est du Landwehrkanal, autour de l'Oranienstraße. Le SO 36, abréviation de « Südost 36 », l'ancien code postal du quartier, était autrefois une sorte d'enclave – de cul-de-sac – bordée sur trois côtés par le Mur et habitée par une population pauvre, constituée d'immigrés turcs et d'« alternatifs » en tout genre. Les habitants du SO 36 se désignaient volontiers ainsi, par rivalité avec les habitants du SW 61 (Südwest 61), partie sud-ouest de Kreuzberg plus « kleinbürgerlich » (« petit-bourgeois »). Si ces dénominations sont aujourd'hui moins pertinentes, il n'en reste pas moins une différence importante entre les « deux » Kreuzberg.

VISITER BERLIN

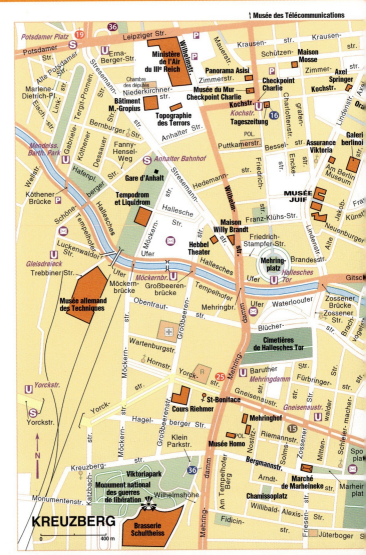

Quartier de Kreuzberg, Club der Visionare au bord du Landwehrkanal.

VIKTORIAPARK★

F7 *Kreuzbergstr.*
Ce parc de 12 ha a été aménagé à la fin du 19e s. autour de l'une des plus hautes collines de Berlin (66 m). Au sommet de celle-ci trône le **monument national des Guerres de Libération★** (National Denkmal für die Befreiungskriege, 1817-1821), une flèche gothique dessinée par **Schinkel** (⚫ *p. 155 et 164*) et surmontée d'une croix de fer qui a donné son nom au quartier (Kreuzberg signifie « mont de la Croix »). Du haut de la colline, la **vue★★** porte sur Kreuzberg et, au sud, sur le complexe en brique de l'ancienne **brasserie Schultheiss★** (milieu du 19e s.). Cette entreprise, qui produit la Berliner Weiße (⚫ *encadré p. 121*), la bière blanche berlinoise, avait ici un de ses centres de production.

GRAEFESTRASSE

D6-7 Cette rue charmante bordée de nombreuses terrasses de cafés et de mini-jardins entretenus par les habitants eux-mêmes offre un cadre parfait pour une pause en journée.

BERGMANNSTRASSE

F7 Changement de décor! La Bergmannstraße, avec ses jolies façades colorées, est la rue emblématique de la partie la plus « bobo » de Kreuzberg – le fameux « SW 61 » (⚫ *encadré p. 66*) – où l'on trouve de nombreux cafés et boutiques branchés.

RIEHMERS HOFGARTEN★

(Cours Riehmer)
F7 *Yorckstr. 83-86/Großbeerenstr. 56-57/Hagelberger Str. 9-12.*
Derrière les façades richement décorées et les portails néo-Renaissance se cache une enfilade de cours intérieures paisibles, chacune dotée de son coin de verdure. Ce grand ensemble d'une vingtaine d'immeubles à cinq étages, aménagé entre 1880 et 1900 par Wilhelm Riehmer, était destiné à la haute bourgeoisie. Juste à côté se trouve l'**église catholique St-Boniface**, construite par Max Hasak en 1906-1907.

KREUZBERG

SE RESTAURER		Spindler	14	SORTIR	
Altes Zollhaus	18	Tulus Lotrek	15	Junction Bar	15
Curry 36	25	Vapiano	19	Monarch Club	12
Die Weltküche	61	PRENDRE UN VERRE		Ritter Butzke	14
Drei Schwestern	6	Ankerklause	17	Tresor	13
Hasir	33	Café Luzia	20	Yaam	7
Industry Standard	66	Dolden Mädel Braugasthaus	36	SHOPPING	
Katulki	7	Fräulein Frost	25	Hard Wax	20
Maroush	53	Isabel	19	Kadó	21
Max und Moritz	62	Kaffee Kirsche	21	Kitsch Nation	19
Morgenland	11	Taz Café	16	Mall of Berlin	36

DEUTSCHES TECHNIKMUSEUM★

(Musée allemand des Techniques)
EF6 *Trebbiner Str. 9 -* ℘ *90 25 40 - www.sdtb.de -* ♿ *- mar.-vend. 9h-17h30, w.-end 10h-18h, fermé lun. - 8 € (audioguide en français : 2 €).*
Ce musée occupe l'ancienne gare de marchandises d'Anhalt. Il explore de manière interactive et très ludique l'histoire et le fonctionnement des grandes avancées technologiques : télévision, radio... Une partie importante de l'exposition est consacrée aux transports, avec une belle **collection de locomotives et de wagons**★★ (on retiendra en particulier le luxueux wagon utilisé par l'empereur Guillaume II en 1888). Une section est consacrée à l'**industrie de la fleur en soie**, introduite par une Française en 1769 – Madame de Rieux – et très prospère à la fin du 19e s. (en 1896, Berlin comptait 156 ateliers de fabrication de fleurs!). Le **parc**★ alentour, avec sa végétation qui a envahi les voies désaffectées, est un espace naturel protégé. N'y manquez pas le **Spectrum**★ qui, par le biais de multiples expériences, permet de découvrir les propriétés physiques de l'optique, du courant électrique, des ondes, etc.

BADESCHIFF★

Hors plan par D2 *– Eichenstr. 4 (accès :* Ⓤ *1 Schlesisches Tor + 10mn de marche) -* ℘ *533 20 300 - www.arena-berlin.de - mai-sept. : tlj. 8h-0h ; oct.-avr. : tlj 10h-22h - 5,50 €.*
Outre les parcs, Kreuzberg vous offre la possibilité d'une pause relaxante aux thermes du **Liquidrom** (♿ *p. 64*), près du musée des Techniques, ou, moins cher, au **Badeschiff**, amarré aux berges de la Spree, côté Treptow. Cet ancien bateau pousseur, converti (2004) en piscine flottante par Gilbert Wilk et Susanne Lorenz, renoue avec la tradition des bains fluviaux de la fin du 19e s. Le complexe est tout simple – un bassin de 32 m de long sur 2 m de profondeur – sans vraie cabine pour se changer mais l'eau y est chauffée et l'ambiance, très conviviale. Séances de yoga, massages, plagette pour les enfants et DJ le week-end.

VISITER BERLIN

Tempelhof et Neukölln

Envie de sortir des sentiers battus ? Direction : le sud de la capitale où se trouvent l'ancien aéroport de Tempelhof, transformé en parc, et le quartier populaire, peu conventionnel et très inventif de Neukölln dont les 167 000 habitants sont originaires de 163 nations. Cette Babel, qui a toujours accueilli beaucoup de migrants (protestants de Bohême au 18e s., ruraux durant l'ère industrielle…), est aujourd'hui en pleine mutation avec l'arrivée de jeunes branchés et de hipsters nonchalants. Visitez-le vite avant qu'il ne s'embourgeoise trop !

▶ **Accès** : Tempelhof : **U** 6 Platz der Luftbrücke. Neukölln : **U** 7 Neukölln, Karl-Marx-Straße **U** 8 Schönleinstraße **S** 41, 42 Neukölln 🚌 104 entre Tempelhof et Neukölln.
Plan détachable G8.
▶ **Conseils** : avant de vous rendre à l'aéroport de Tempelhof, consultez les horaires des visites guidées (en allemand ou en anglais) ; si vous explorez Neukölln un mardi ou un vendredi, ne manquez pas le marché turc de Maybachufer, pour plonger au cœur du « Petit Istanbul ».

FLUGHAFEN TEMPELHOF ★

(Aéroport de Tempelhof)
F-H8 *Platz der Luftbrücke 5 -* **U** *6 Platz der Luftbrücke - ☏ 200 03 74 00 - accès libre - horaires des visites guidées (2h, 15 €) sur www.thf-berlin.de -* ♿

La plaine de Tempelhof fut longtemps une place d'armes de l'armée prussienne, avant que n'y soit créé, en 1923, l'un des premiers aéroports du monde. De 1936 à 1941, Ernst Sagebiel lui apporte d'importantes transformations afin d'en faire un aéroport digne de la future capitale nazie : le carrefour de tout le trafic aérien en Europe. Il érige un vaste complexe en arc de cercle de 1,3 km de long. Visible des airs, l'ensemble représente, de manière stylisée, un aigle aux ailes déployées. Sagebiel couronne le terminal d'un gigantesque aigle impérial en aluminium, d'une croix de fer et de croix gammées. Seule la tête de l'aigle a été conservée : vous la verrez sur la place qui fait face au terminal. Durant la partition de l'Allemagne, l'aéroport est occupé par les Américains et joue un rôle stratégique dans le célèbre pont aérien de 1948-1949. Trop proche du centre et trop vétuste, il finit par fermer ses portes en 2008. Depuis, l'aéroport s'est reconverti en **parc** (les pistes d'atterrissage attirent désormais

TEMPELHOF ET NEUKÖLLN

Sur le tarmac de l'ancien aéroport de Tempelhof.

cyclistes, skaters et amateurs de cerfs-volants) mais aussi, côté Est (Oderstraße), en… potagers ! Un bel exemple de l'inventivité qui caractérise Berlin ! Le lieu accueille également foires, technopartys et défilés de mode.

PLATZ DER LUFTBRÜCKE

(Place du Pont aérien)
F8 **U** *6 Platz der Luftbrücke.*
Sur cette place, un monument (**Luftbrückendenkmal**), érigé en 1951, évoque la période du blocus : une sculpture encore à peu près blanche symbolise les trois couloirs aériens mis en place par les Alliés et porte les noms des 40 pilotes britanniques et 31 pilotes américains qui ont perdu la vie lors des opérations de ravitaillement de Berlin-Ouest, coupée du reste du monde par les Soviétiques du 24 juin 1948 au 12 mai 1949.

SIEDLUNG NEUTEMPELHOF

(Cité-jardin de Neutempelhof)
Hors plan par F8 **U** *6 Paradestraße - Adolf-Scheidt-Platz.*
Édifiée dans les années 1920, Neutempelhof forme une enclave de campagne dans la ville, avec ses petites maisons à la construction soignée possédant chacune un jardin. Elles ont vu le jour dans le cadre du mouvement des **cités-jardins** (Gartenstadtbewegung) particulièrement dynamique dans l'Allemagne de l'Entre-deux-guerres.

RIXDORF

Hors plan par H8 🅄 *7 Neukölln ou Karl-Marx-Straße.*
En 1737, Frédéric-Guillaume Ier invita 83 familles protestantes chassées de Bohême à s'établir au nord de Rixdorf pour y cultiver la terre. La petite colonie y a fondé un village – Böhmisch-Rixdorf – où l'on parlait tchèque jusque dans les années 1940. De ce village, il subsiste quelques traces : l'église baroquisée de Bethléem (au fond de la Richardplatz), les maisons basses de la charmante **Kirchgasse**★ et l'ancienne école transformée en petit **musée** *(Kirchgasse 5 - www.museumimboehmischendorf.de - jeu. 14h-17h, 1er et 3e dim. du mois 12h-14h - 2 €)*. À voir aussi : la **Richardstraße** et son jardin public (Comenius Garten).

REUTERKIEZ

H7 🅄 *8 Schönleinstraße.*
Les abords de la **Reuterplatz**, bâtis dans les années 1870 et très négligés après guerre, constituent aujourd'hui l'un des quartiers « in » de Berlin. On le surnomme souvent « Kreuzkölln » parce qu'il partage le même sort que son voisin direct, Kreuzberg : multiethnique, pauvre et délabré, il a été investi, ces dernières années, par des étudiants et des artistes qui ont attiré dans leur sillage bobos, créateurs et jeunes start-up. Résultat : les immeubles des années 1870 retrouvent une deuxième jeunesse, mais les loyers sont en hausse constante depuis 2009, au grand agacement des résidents « historiques » – un phénomène qui n'est pas sans rappeler celui qu'a connu Lower East Side dans le New York des années 1980. Pour vous faire une idée du nord de Neukölln, promenez-vous dans les **Sanderstr.**, **Friedelstr.**, **Weserstr.** et **Pannierstr.**, où cafés bio, ateliers de mode et galeries d'art expérimental se mêlent désormais aux bars à shisha et stands de kebab, avant de longer le Maybachufer où se tient le **marché turc**★ *(Türkenmarkt, mar. et vend. 11h-18h30).*

Potsdamer Platz ★★

Ce quartier était, au 19e s., le carrefour le plus fréquenté d'Europe, un lieu mythique, symbole de la métropole moderne. Fortement endommagé lors de la Seconde Guerre mondiale, coupé en deux par le Mur, il fut longtemps réduit à un vaste terrain vague. Mais depuis la réunification (1989), la Potsdamer Platz et ses alentours ont été rebâtis, et le site a retrouvé un peu de son dynamisme d'antan. Il constitue désormais l'un des principaux centres européens d'architecture moderne et contemporaine.

▶ **Accès** : Ⓢ et Ⓤ Potsdamer Platz, 🚌 200 Potsdamer Platz.
Plan de quartier p. 78-79. Plan détachable E5.

POTSDAMER PLATZ ★★

E5 Elle est encadrée de tours formant l'intersection des différents quartiers. Deux blocs d'acier et de verre, édifiés par les architectes munichois Hilmer et Sattler, signalent l'entrée des stations de S-Bahn et U-Bahn. L'histoire de la Potsdamer Platz n'a pas été des plus simples. En 1989, quand le Mur tombe, la place et ses alentours forment une vaste friche de 480 000 m² au cœur même de la ville. Pour la rebâtir, on fait appel à des fonds privés. **Sony**, **DaimlerChrysler**, le **groupe A + T** et le millionnaire **Otto Beisheim** vont chacun créer « leur » quartier. Les débats sont animés : jamais en Europe une zone urbaine centrale de cette importance n'avait été attribuée à des investisseurs privés. Non sans difficulté, on réussit à imposer quelques directives aux promoteurs. Le concours d'aménagement de la place, remporté par les architectes **Hilmer** et **Sattler**, fixe notamment une limitation de la hauteur des immeubles. Les travaux débutent en 1994 et la place demeure, pendant plus de dix ans, un immense et continuel chantier pour lequel on fait appel aux plus grands architectes internationaux : **Renzo Piano**, **Richard Rogers**… En 2005, les travaux sont à peu près terminés et un nouveau quartier est né : très moderne, certes, sans doute moins audacieux qu'annoncé, mais peut-être plus apprécié des Berlinois que ne le laissaient présager les nombreuses critiques du projet (👤 *p. 159*).

SONY CENTER ★★★

E5 Dominé par les 26 étages de la **BahnTower** qui héberge le siège de la société des chemins de fer Deutsche Bahn, le **Sony Center** est l'œuvre (1996-2000) de l'architecte **Helmut Jahn**, auteur de nombreux gratte-ciel aux États-Unis. C'est surtout à l'intérieur que ce complexe d'acier et de béton révèle ses charmes : une grande place de 4 000 m² coiffée d'un **chapiteau** ★★★ spectaculaire, vraie prouesse technologique. Les édifices alentour supportent un anneau massif d'où s'échappe un mât légèrement penché qui maintient le chapiteau en fibre de verre. Sur la place, remarquez des vestiges de l'**Esplanade**, un ancien hôtel de luxe néobaroque. Celui-ci, malgré ses milliers de tonnes, fut déplacé en 1996 au cours d'une manœuvre impressionnante afin d'être intégré dans l'ensemble.

DEUTSCHE KINEMATHEK - MUSEUM FÜR FILM UND FERNSEHEN ★★

(Musée du Cinéma)
E5 *Dans le Sony Center - Potsdamer Str. 2 - ☏ 300 90 30 - www.deutsche-kinemathek.de - ♿ - mar.-dim. 10h-18h (jeu. 20h) - fermé lun., 24 et 25 déc. - 7 € (gratuit jeu. 16h-20h).*
Ce musée expose une partie de l'extraordinaire fonds de la Cinémathèque allemande, créée en 1963 par le réalisateur Gerhard Lamprecht. Dans ses réserves, pas moins de 26 000 films et plus d'un million de documents liés au septième art. Bien sûr, le cinéma allemand y occupe une place de choix. Parmi les pièces majeures de la collection, citons : les photos du film *Metropolis* (1927), chef-d'œuvre de **Fritz Lang** ; la maquette du *Cabinet du Docteur Caligari* (1919), autre célèbre film expressionniste de **Robert Wiene** ; la garde-robe de l'actrice et chanteuse berlinoise **Marlene Dietrich** (1901-1992) ; et les films de **Leni Riefenstahl**, la réalisatrice controversée des *Dieux du stade,* un documentaire tourné pour les Jeux olympiques de 1936. L'exposition détaille également les secrets des effets spéciaux et accorde un intérêt particulier aux nombreuses pièces léguées par **Marlene Dietrich** : vêtements, lettres, affiches, etc.

QUARTIER DAIMLER ★

E5 Le premier quartier érigé sur la Potsdamer Platz est celui de la firme Daimler (à l'époque, « DaimlerChrysler »), édifié sous la direction de l'architecte italien **Renzo Piano** (le « père » du Centre Georges-Pompidou à Paris), avec la contribution de très nombreux architectes étrangers. Entre 1994 et 1998, cette surface vide a vu pousser près de 20 bâtiments. Respectant une tradition urbanistique européenne, Renzo Piano a dessiné un entrelacs de rues et de places et a souhaité des immeubles peu élevés, aux couleurs de terre.

La Berlinale

Avec ses 40 salles de cinéma réparties dans trois complexes, son école et son musée dédiés au 7ᵉ art, le quartier de la Potsdamer Platz est au cœur de la Berlinale, le célèbre Festival international du film qui se déroule à Berlin, tous les ans, au mois de février. Créé en 1951 par les Alliés pour être la « vitrine du monde libre », il attire aujourd'hui plus de 16 500 spécialistes du monde entier et plus de 500 000 spectateurs. Pour l'occasion, le Stage Theater de la place Marlene-Dietrich se transforme en « Palais de la Berlinale » : c'est là où les meilleurs films en compétition sont récompensés d'un Ours d'or (« Goldener Bär »).

VISITER BERLIN

Le quartier ne comprend que deux tours, qui ouvrent la Alte Potsdamer Straße. L'une, de forme triangulaire et dont la façade fait alterner le verre et la terre cuite, est l'œuvre de Renzo Piano lui-même, l'autre, en brique, est signée **Hans Kollhoff**. Le toit du bâtiment de Kollhoff est doté d'une plate-forme, **le Panoramapunkt** *(entrée par le n° 1 de l'Alte Potsdamer Str. - ℘ 25 93 70 80 - www.panoramapunkt.de - tlj 10h-20h (18h en hiver) - 6,50 € - café au 24e étage)*. Située à 100 m de hauteur, elle offre un beau point de vue sur la capitale avec, d'est en ouest, le Gendarmenmarkt, la porte de Brandebourg, le Reichstag, la Chancellerie, le Tiergarten, le château de Bellevue et l'église du Souvenir.

Marlene Dietrich Platz★ – *E5* Sur la place, **Stage Theater** et **Spielbank** (casino), construits par Piano, forment la limite ouest du quartier. À l'arrière, on aperçoit la **Staatsbibliothek**, emblématique du Berlin-Ouest des années 1970 (♿ *p. 159*) auquel les façades du théâtre et du casino font référence par la forme et la couleur.

Atrium Tower★★ – *E5 Eichhornstr. 3.* L'Atrium Tower, qui fut jusqu'en 2013 le siège du groupe **Daimler** (elle portait alors le nom de « **Tour Debis** »), est l'une des plus belles constructions du quartier. Le bâtiment se situe au niveau de la cheminée d'évacuation des gaz du tunnel de Tiergarten, qu'il met en valeur par un campanile. On y retrouve l'alliance

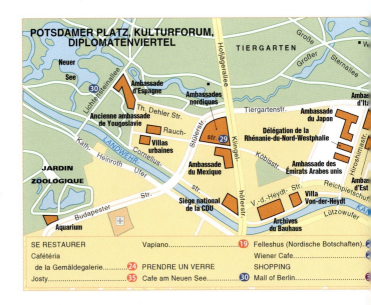

de la terre cuite et du verre chère à **Renzo Piano**, son concepteur. L'édifice abrite un atrium orné d'œuvres d'art.
Tours Rogers★★ – **E5** *Linkstr. 2-6.*
Les trois immeubles du Britannique **Sir Richard Rogers** sont peut-être les constructions les plus originales du quartier. Sur la droite, de l'autre côté du parc, on aperçoit le quartier créé par le groupe A & T, un ensemble plus monotone conçu par l'architecte italien Giorgio Grassi.

SPYMUSEUM★

F5 *Leipziger Platz 9 - ☎ 20 60 38 52 - www.spymuseumberlin.com - tlj 10h-20h - 18 €.*

Ce nouveau **musée**, interactif et multimédia, est consacré au petit monde de l'**espionnage** qui fut particulièrement actif durant la guerre froide (les Américains avaient une station d'écoutes dans la Grunewald, les Russes échangeaient leurs agents sur le pont de Glienicke reliant Berlin à Potsdam...). Les explications ne sont qu'en allemand et en anglais mais de nombreux objets parlent d'eux-mêmes : le parapluie bulgare à aiguille empoisonnée, l'arrosoir avec caméra incorporée que les services secrets est-allemands laissaient traîner dans un cimetière pour filmer un enterrement...

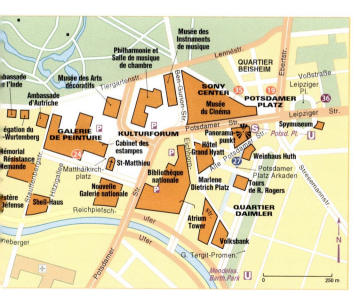

Kulturforum★★

Dans cette zone toute proche de la Potsdamer Platz, la construction du Mur avait réduit l'ancien quartier résidentiel, déjà très abîmé par la guerre, à un vaste terrain vague. Tandis que la RDA faisait de ce territoire en friche un « no man's land », Berlin-Ouest prenait le parti d'ériger là, à la lisière du Mur, un ensemble culturel et muséal baptisé Kulturforum, pour y abriter ses collections autrefois hébergées à l'Est.

▶**Accès** : Ⓢ et Ⓤ Potsdamer Platz, 🚌 200 Potsdamer Platz.
Plan de quartier p. 78-79. Plan détachable E5.
▶**Conseil** : le billet dit « Bereichskarte Kulturforum » à 16 €, acheté pour l'un des musées, est aussi valable dans les autres musées du Kulturforum visités le même jour (Galerie de peintures, musée des Arts décoratifs, Cabinet des estampes).

GEMÄLDEGALERIE★★★

(Galerie de peintures)
E5 *Matthäikirchplatz 4-6 - ☏ 266 42 42 42 - www.smb.museum - ♿ - mar.-vend. 10h-18h (jeu. 20h), sam.-dim. 11h-18h - fermé lun., 24-25 et 31 déc. - 10 € - audioguide inclus.*
Scindée pendant près de quarante ans, entre le musée de Dahlem à l'ouest et le Bode Museum à l'est, la collection de peinture de Berlin a été réunie en 1998. Elle a pris place dans la Galerie de peintures du Kulturforum, qui regroupe, malgré les pertes de la guerre (400 toiles détruites), l'une des plus belles collections mondiales de **peintures européennes du 13e au 18e s**.
écoles allemande et flamande, 13e-16e s. *(salles I-VI, cabinets 1-7)* – La Gemäldegalerie possède un superbe ensemble d'œuvres de primitifs des écoles du Nord. La *Déploration du Christ* de **Hans Baldung Grien**★ *(salle III)*, de très beaux portraits d'**Albrecht Dürer**★★ *(cabinet 2)* et quelques peintures sur panneaux de tilleul de **Lucas Cranach l'Ancien**★★ *(salle II et cabinet 3)*. Parmi les grands maîtres de la Renaissance flamande, on retiendra surtout les noms de **Rogier Van der Weyden**★ *(Retable de St-Jean, vers 1455, salle IV)*, **Jan Van Eyck**★★ *(Vierge dans une église, vers 1425, cabinet 4)* et **Pieter Bruegel l'Ancien**★★ *(Les Proverbes néerlandais, 1559, cabinet 7)*.
Peinture flamande et hollandaise, 17e s. *(salles VII-XI, cabinets 8-19)* – Cette section compte plusieurs chefs-d'œuvre de **Rubens**★★ et **Rembrandt**★ mais aussi deux charmantes toiles du plus illustre des peintres de Delft, **Vermeer**★★ *(La Dame au collier de perles, vers 1662, cabinet 18)*.
écoles française, anglaise et espagnole 17e-18e s., peinture italienne 13e-18e s. *(salles XII-XVIII,*

cabinets 20-41) – Si les écoles française, anglaise et espagnole sont modestement représentées par **Jean-Baptiste Siméon Chardin, Nicolas Poussin★, Thomas Gainsborough**, Murillo et Vélasquez *(salle XIII)*, le reste de l'aile offre un beau panorama de la peinture italienne. à noter en particulier les œuvres de **Canaletto★** *(salle XII)*, **Caravage★★, Titien★★** *(salle XVI)*, **Raphaël★, Botticelli★★** *(salle XVIII)* et **Fra Angelico★★**.

KUNSTGEWERBEMUSEUM★★

(Musée des Arts décoratifs)
E5 Tiergartenstr. 6 - ☏ 266 42 42 42 - www.smb.museum - mar.-vend. 10h-18h, sam.-dim. 11h-18h - fermé lun., 24-25 et 31 déc. - 8 €.
Le musée des Arts décoratifs est le plus ancien du genre en Allemagne puisque ses origines remontent à 1881; il était alors situé dans le Martin-Gropius-Bau (☞ p. 64). La collection, après avoir connu différents lieux d'exposition, a emménagé en 1985 dans le bâtiment actuel, construit par Rolf Gudbrodt. Le musée présente sur quatre niveaux une magnifique collection d'orfèvrerie, de céramiques, de meubles, etc. datant du Haut Moyen Âge jusqu'à nos jours. Parmi ses nombreux chefs-d'œuvre, citons le **trésor des Guelfes★★** *(Welfenschatz)* qui compte plusieurs pièces d'orfèvrerie exceptionnelles; le salon exotique du créateur italien **Carlo Bugatti★** (Milan, vers 1890) et le **Neuwieder Kabinett★** (v. 1775), un cabinet délicatement marqueté d'érable et rehaussé de bronzes dorés, bel échantillon du talent de l'ébéniste David Roentgen qui travailla pour la cour de France.

KUNSTBIBLIOTHEK UND KUPFERSTICHKABINETT★

(Bibliothèque d'Art et Cabinet des estampes)
E5 Matthäikirchplatz 8 - ☏ 266 42 42 01 - www.smb.museum - ♿ - expositions mar.-vend. 10h-18h, w.-end 11h-18h - fermé lun., 24-27 déc. et 31 déc.-1er janv. - 6 €.
La Kunstbibliothek est une bibliothèque d'art des plus exhaustives et le Kupferstichkabinett, l'un des plus beaux cabinets d'estampes européens, avec un fonds de 110 000 dessins ou aquarelles du 14e au 20e s. et près de 550 000 estampes de la fin du Moyen Âge à nos jours.

Collection cherche musée

Après la construction du Mur (1961), Berlin-Ouest, privée d'une partie de ses institutions culturelles, doit trouver une solution pour abriter ses collections d'œuvres d'art. À la limite Est de la ville, les autorités confient alors à l'architecte Hans Scharoun (1893-1972), qui avait déjà conçu tout un lotissement à Spandau à la fin des années 1920 (Siemensstadt), l'aménagement d'un quartier dédié aux beaux-arts et à la musique: le « Kulturforum ». Scharoun réussit à mettre en œuvre une bonne partie de cet ambitieux projet. Sa salle philharmonique en tout cas, constituait, à l'époque, un modèle du genre: en plaçant l'orchestre au milieu du public, il avait révolutionné la conception des salles de concert.

NEUE NATIONALGALERIE ★★

(Nouvelle Galerie nationale)
E5 Potsdamer Str. 50 - ☏ 266 42 42 42 - www.smb.museum - ♿ - fermé pour rénovation jusqu'en 2018 (en attendant la réouv. du musée, une petite partie des œuvres est exposée dans la Hamburger Bahnhof, ♿ p. 18).

La Nouvelle Galerie nationale (1968) est l'unique bâtiment public édifié à Berlin par l'architecte allemand **Ludwig Mies van der Rohe**, qui fut directeur du Bauhaus de 1930 à 1933. Son pavillon constitue une véritable prouesse technique : huit pylônes et des parois de verre supportent à eux seuls, sans l'aide d'aucun mur, l'immense toit à caissons. Les éléments de construction, ainsi réduits à l'essentiel, donnent l'impression d'une extrême légèreté. Les alentours immédiats du bâtiment sont ornés de sculptures, œuvres, entre autres, de **Henry Moore**, **Richard Serra** et **Alexandre Calder**.

Doyenne des musées du Kulturforum, la Neue Nationalgalerie, bien que très endommagée par les nazis lors de leur chasse à l'« art dégénéré » *(entartete Kunst)*, conserve un très bel ensemble de peintures et sculptures s'échelonnant **du début du 20e s. aux années 1960** – des œuvres qu'elle expose par roulement.

PHILHARMONIE ★★

E5 Herbert-von-Karajan-Str. 1 - ☏ 254 889 99 - www.berliner-philharmoniker.de - visite guidée (1h) tlj à 13h30 - RV à Künstlereingang (entrée des artistes) - fermé 24-26 déc., et 31 déc.-1er janv. et juil.-août - 5 €.

Premier bâtiment réalisé par **Hans Scharoun** pour le Kulturforum entre 1960 et 1963, la Philharmonie en est l'un des emblèmes. L'orchestre qui y siège est considéré comme l'un des meilleurs au monde et la plupart des chefs d'orchestre rêvent de le diriger dans leur carrière. Entre 1955 et 1989 **Herbert von Karajan** en était le directeur musical. Aujourd'hui, il a pour chef Sir Simon Rattle. Bon à savoir : chaque mardi à 13h, de sept. à juin, a lieu un « lunch-concert » dans le foyer (le concert est gratuit ; le déjeuner, payant). Prévoyez une bonne heure d'avance.

Le philarmonie, par l'architecte Hans Scharoun.

Diplomatenviertel

Ce quartier situé en bordure du Tiergarten était jalonné, aux 18e et 19e s., de demeures bourgeoises. Dans les années 1930, Albert Speer, l'architecte chargé par Hitler de « remodeler » la capitale du IIIe Reich, fit démolir plusieurs de ces luxueuses villas pour bâtir à leur place des ambassades. Devenu après-guerre un champ de friches et d'immeubles en ruine, le lieu a été totalement réhabilité depuis la réunification : de nouveaux bâtiments diplomatiques à l'architecture contemporaine côtoient ceux du IIIe Reich, restaurés.

▶ **Accès :** S et U Potsdamer Platz.
Plan de quartier p. 78-79. Plan détachable DE5.

AMBASSADES NORDIQUES ★★

D5 *Rauchstr. 1 - la Felleshus (« maison commune ») est ouv. au public lun.-vend. 10h-19h, sam.-dim. 11h-16h – dates des concerts et expos sur www.nordischebotschaften.org.*
Les cinq pays nordiques (Danemark, Finlande, Islande, Norvège et Suède) ont emprunté une nouvelle voie, aussi bien en matière d'organisation diplomatique que d'architecture, en fusionnant leurs sièges d'ambassades berlinois. Le concept global du projet a été élaboré dans le cadre d'un concours par le bureau austro-finlandais **Berger & Parkkinnen Wien**. Un ruban ondulant formé de bandes de cuivre souples entoure et unifie l'ensemble, qui comporte des constructions propres à chacune des ambassades, imaginées par cinq architectes différents. Leur taille et leur emplacement reflètent les proportions et situations géographiques de chacun des pays. Bon à savoir : on y trouve une cantine (ⓒ *p. 122*) !

AMBASSADE DU MEXIQUE ★

D5 *Klingelhöferstr. 3.*
L'ambassade mexicaine a été réalisée par les architectes mexicains **Teodoro González de León** et **Francisco Serrano** entre 1998 et 2000. Elle se distingue par sa façade de lamelles en « béton de marbre », composé de ciment blanc et de marbre de Thuringe qui lui confère un aspect brillant. Le bâtiment est un dialogue réussi entre la sobriété voulue par le Berlin des années 1990, et une monumentalité qui prend sa source dans l'histoire mexicaine.

KONRAD-ADENAUER-HAUS ★

(Siège national de la CDU)
D5 *Klingelhöferstr. 8 - ℘ 220 700 - www.cdu.de.*
Inauguré en 2000, ce colossal bâtiment de verre – siège national du parti politique CDU (Christlich Demokratische Union) – a été conçu par le cabinet d'architectes Petzinka,

Ich will Dich berühren
kann mich nicht wehren
Deinen Körper zu spüren
mein größtes Begehren

Laß es uns machen
mal langsam - mal fix
mit Gummi wird's krachen
doch ohne geht nix

www.remindersday.com

Vergessen ist ansteckend

RED-Remindersday Projektgesellschaft mbH   BARTZ·BARTZ   heymann×schnell

**Er ist so sexy!
Sein knackiger Hintern,
das süße Gesicht.
Du willst ihn vernaschen?**

Dann sag' ihm, was auf der Rückseite steht.

DIPLOMATENVIERTEL

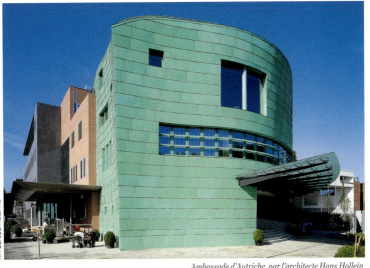

Ambassade d'Autriche, par l'architecte Hans Hollein.

Pink & Partner. Au-dessus d'un socle s'élève un hall vitré formant un jardin d'hiver qui assure des fonctions de régulation pour la température et le bruit. Il est lui-même intégré à un autre bâtiment au plan semblable à celui d'une coque de bateau. Angela Merkel, présidente de la CDU, y a un bureau au 6ᵉ étage.

BAUHAUS-ARCHIV MUSEUM FÜR GESTALTUNG★

(Musée du Bauhaus)
D5 Klingelhöferstr. 14 - ☏ 254 00 20 - www.bauhaus.de - ♿ - merc.-lun. 11h-17h - fermé 24 déc. - sam.-lun. 8 € (merc.-vend. 7 €) - audioguide en français inclus.

Ce bâtiment, érigé par Alexander Cvijanovic entre 1976 et 1979, d'après des plans remaniés de **Walter Gropius** (♿ *p. 161*), est à la fois un centre de recherche et un musée. Sa forme simple et blanche adaptée aux besoins du musée, ses espaces intérieurs caractérisés par la simplicité et la lumière sont tout à fait représentatifs des exigences du Bauhaus. La collection du musée, dont la présentation change régulièrement, reflète la diversité des formes d'art abordées par le mouvement (meubles, objets artisanaux, peinture, architecture). La petite boutique du musée vend de belles reproductions de quelques objets créés par ces

artistes (services à café, meubles, couverts…).
♿ *« L'art de l'Entre-deux-guerres »*, p. 160.

SHELL-HAUS★

E5 *Reichpietschufer 60-62.*
La structure de la façade, ondulante et graduée, donne à cet immeuble (1930-1932) de l'architecte Emil Fahrenkamp un effet dynamique. C'est l'un des plus importants immeubles de bureaux de la République de Weimar et l'un des premiers bâtiments berlinois possédant une ossature en acier.

AMBASSADE D'AUTRICHE★★

E5 *Tiergartenstr. 12-14.*
Trois bâtiments imbriqués les uns dans les autres symbolisent les diverses fonctions du siège de l'ambassade. On remarquera tout particulièrement l'édifice habillé de plaques de cuivre. Les plans ont été élaborés par l'architecte avant-gardiste autrichien Hans Hollein (1934-2014), à qui l'on doit, entre autres, le parc européen Vulcania en Auvergne.
Un peu plus loin se dresse la **délégation du Bade-Wurtemberg** *(Tiergartenstraße 15)* de l'architecte Dietrich Bangert (1998-2000) et à deux pas, l'**ambassade de la république de l'Inde**★ *(Tiergartenstr. 16-17)*, conçue par le bureau allemand Léon-Wohlhage-Wernik qui a édifié un ensemble ; ses dalles de pierres rouges en relief sont originaires de l'Inde.

GEDENKSTÄTTE DEUTSCHER WIDERSTAND★

E5 *Stauffenbergstr. 13-14 (entrée par la cour d'honneur) -* 🚌 *M29, arrêt Gedenkstätte Deutscher Widerstand - ℘ 26 99 50 00 - www.gdw-berlin.de - ♿ - lun.-vend. 9h-18h (jusqu'à 20h le jeu.), sam.-dim. 10h-18h - gratuit.*
Durant la Seconde Guerre mondiale, ce complexe de bâtiments concentrait à lui seul le commandement en chef de l'armée de terre, celui des opérations navales et le service de contre-espionnage de la Wehrmacht. Il abrite aujourd'hui le **Mémorial de la résistance au national-socialisme** car c'est dans ces bureaux que fut minutieusement planifié, en grand secret, l'attentat du 20 juillet 1944 qui aurait dû permettre de renverser le IIIe Reich : la bombe, amorcée par le chef d'état-major Claus von Stauffenberg, explosa bel et bien (à Rastenburg/Prusse-Orientale) mais Hitler s'en sortit miraculeusement, avec de légères contusions. Plusieurs conjurés furent fusillés la nuit même dans la cour centrale. L'exposition, au 2e étage, retrace en 5 000 documents les multiples actes de résistance au régime nazi.

TIERGARTEN

Tiergarten★

En plein cœur de Berlin, le Tiergarten est aujourd'hui considéré comme un véritable poumon de la ville. Grâce à ses 32 km de sentiers, ses pelouses où il fait bon bronzer et pique-niquer, et ses lacs aux bords animés par les Biergärten, cet immense parc est l'un des lieux favoris des Berlinois.

▶ **Accès :** Ⓢ 5, 7 Zoologischer Garten, Tiergarten, Bellevue, Ⓤ 9 Zoologischer Garten, Hansaplatz, 🚌 100 + 200 Zoologischer Garten.
Plan détachable C4-5, D3-4, E4.

TIERGARTEN★

C-E4 Ce parc de 210 ha qui jouxte le quartier du Kulturforum et de la Potsdamer Platz, littéralement « le jardin des animaux », remonte à 1650, lorsque, à l'extrémité de l'avenue **Unter den Linden** aménagée à la même époque, le domaine de chasse des princes est reconverti en réserve d'animaux. Sa transformation en jardin débute à la fin du 17e s., sous le règne de l'Électeur Frédéric III. Frédéric le Grand, qui veut en faire un parc accessible à tous, confie au jardinier de la cour, **Justus Ehrenreich Sello**, le soin de le redessiner (1792). Bientôt, des kiosques à musique et des balançoires y côtoient manèges et guinguettes, composant ainsi la première « promenade » de Berlin où se mêlent nobles et bourgeois. Durant les deux redoutables hivers qui suivent la Seconde Guerre mondiale, le Tiergarten subit des coupes claires de la part des Berlinois en quête de bois de chauffage. Cela explique que les arbres sont aujourd'hui encore relativement jeunes. Les premières mesures de reboisement sont prises en 1949 et, depuis, le parc reprend vie peu à peu. Le Tiergarten n'a rien perdu de son côté populaire voulu par l'Électeur à ses origines. De 1996 à 2006, la **Love Parade** (👣 p. 166) y défilait au mois de juillet. Aujourd'hui, les fans de foot s'y retrouvent en masse à chaque championnat d'Europe et coupe du monde. Plus paisible, le **Neuer See★★**, situé juste en face de l'ambassade d'Espagne, est un lac romantique créé par le paysagiste Peter Joseph Lenné au 19e s. Il est possible d'y faire un tour en barque ou de s'y reposer au bord de l'eau : le Café am Neuen See est un vaste Biergarten à l'ambiance bon enfant, très apprécié des Berlinois l'été (👣 p. 123).

ZOOLOGISCHER GARTEN★★★ UND ZOO-AQUARIUM

(Jardin zoologique et zoo-aquarium)
C5 Accès par la Löwentor (Hardenbergplatz 8), en face de la gare, ou par l'Elefantentor (Budapesterstr. 32), en face de l'Europa Center - 📞 25 40 10 - www.

zoo-berlin.de - ♿ - de fin mars à mi-sept. : 9h-18h30 ; hors saison : 9h-16h30 ou 18h ; aquarium 9h-18h - 14,50 € ; 20 € le billet couplé zoo + aquarium.

Le **zoo de Berlin** fut créé à la fin du 18e s. dans l'île aux Paons de Wannsee (l'un des arrondissements ouest du Grand Berlin), avant d'être déplacé en 1844 dans le zoologischer Garten, nouveau parc aménagé par le paysagiste **Peter Joseph Lenné**. Sa richesse – plus de 20 300 animaux ! – est stupéfiante : casoars, condors, harpies voisinent ici avec des phoques, okapis, castors et pandas. Il n'est pas rare d'apercevoir lionceaux ou petits léopards.

Côté Elefantentor (« porte des Éléphants »), sur la Budapesterstraße, se trouve l'**aquarium de Berlin**, aussi riche que le zoo. D'immenses bassins permettent d'étudier les requins, raies et méduses dans leur élément respectif ; la serre aux crocodiles est particulièrement impressionnante.

SIEGESSÄULE

(Colonne de la Victoire)

D4 *Straße des 17. Juni (Großer Stern) - ☎ 391 29 61 - avr.-oct. : 9h30-18h30, w.-end 9h30-19h ; nov.-mars : lun.-vend. 10h-17h, sam.-dim. 10h-17h30 - 3 €.*

Cette vertigineuse colonne dépasse les arbres du Tiergarten de ses 67 m de haut et occupe une position de choix au centre de la place de la Grande-Étoile (Großer Stern) où convergent cinq avenues monumentales, élargies sous le régime national-socialiste. Située à l'origine (1873) devant le Reichstag, elle fut placée sur ordre d'Hitler à cet endroit en 1938, pour marquer d'un symbole fort l'axe triomphal est-ouest de la future *Germania* nazie (d'Unter den Linden au château de Charlottenburg). La colonne célèbre en effet les victoires prussiennes sur l'Autriche (1864), le Danemark (1866) et la France (1871). Dans un registre plus poétique, la gracieuse déesse de la Victoire, perchée à son sommet et surnommée « **Else d'or** » (*Goldelse*), est devenue célèbre grâce au film de Wim Wenders *Les Ailes du désir*, où elle sert de refuge à un ange mélancolique. Vous serez récompensé de l'ascension des 285 marches par le **panorama** exceptionnel sur la Potsdamer Platz, Moabit (sur la rive opposée), le quartier Hansa et Kreuzberg.

SCHLOSS BELLEVUE

(Château de Bellevue)

D4 *Ne se visite pas.*

Édifié en 1785 dans le style néoclassique par Michael Philipp Boumann, ce château servait de palais d'été au frère cadet de Frédéric le Grand, le prince Auguste-Ferdinand. C'est aujourd'hui la résidence officielle du président de la République (en l'occurrence, depuis 2012, Joachim Gauck). Derrière le château s'étend un parc de 20 ha dont la partie ouest-est dessinée à l'anglaise.

HANSAVIERTEL★

(Quartier Hansa)

D3 Jusqu'en 1944 se trouvait ici un quartier d'habitation huppé,

habité par des industriels aisés. En 1957, l'endroit a été choisi comme laboratoire des nouvelles conceptions de l'architecture moderne. Les pavillons et les immeubles-tours (1 300 logements pour 3 500 habitants), noyés dans la verdure, sont imaginés à l'occasion de l'Exposition internationale d'architecture IBA (Internationale Bauausstellung Berlin appelée Interbau) par 53 architectes originaires de 13 pays différents.
L'**Académie des beaux-arts** (Akademie der Künste, *Hanseatenweg 10 - www.adk.de - mar. 14h-22h, merc.-dim. 11h-19h - gratuit le mar. 18h-22h)* a été édifiée par le Berlinois **Werner Düttmann** – un brillant élève de Hans Scharoun – au lendemain de la partition de la ville. Les Berlinois de l'Ouest s'étant retrouvés privés de l'éminente institution culturelle qui siégeait, depuis 1902, sur la Pariser Platz *(p. 19)*, on décida d'édifier ici son homologue.
Parmi les autres constructions importantes, il faut remarquer celles du Finlandais **Alvar Aalto** *(Klopstockstr. 30-32)*, du Brésilien **Oscar Niemeyer** *(Altonaer Str. 4-14)*, du Berlinois naturalisé américain **Walter Gropius** *(Händelallee 3-9)*, fondateur du Bauhaus, et de l'Allemand **Egon Eiermann** *(Bartningallee 2-4)*.

Sur la rive opposée, à Moabit, s'étend le **Schlange** (« Serpent »), un complexe de logements de 300 m de long tout en courbes, construit pour le personnel de l'administration fédérale en 1999. Devant le peu d'enthousiasme des futurs résidents, ce parc de 400 appartements a été ouvert à toute la population.

HAUS DER KULTUREN DER WELT★

(Maison des cultures du monde)
E3-4 John-Foster-Dulles-Allee 10 - ℰ 397 871 75 - www.hkw.de - ♿ - merc.-lun. 10h-19h, fermé le mar. - certains événements gratuits.
Cette ancienne **halle des Congrès** (Kongreßhalle), surnommée affectueusement « l'huître enceinte », *(Schwangere Auster)* est un cadeau des Américains pour l'Exposition internationale d'architecture Interbau de 1957. Ses courbes audacieuses, imprimées par Hugh Stubbins, ont été saluées avec enthousiasme. Le **bronze** (1956), au milieu du bassin, est signé **Henry Moore**. Devenu en 1989 la Maison des cultures du monde, l'édifice accueille des spectacles et des manifestations multiculturelles dans des domaines variés : musique, cinéma, théâtre, art, en provenance du monde entier, plus particulièrement d'Asie, d'Afrique et d'Amérique latine.

Kurfürstendamm★★

Depuis 1989, la capitale allemande a retrouvé son cœur historique – Mitte – mais elle a conservé ses deux centres du temps de la guerre froide : l'Alexanderplatz à l'Est et le Kurfürstendamm à l'Ouest, longue et chic avenue que les habitants surnomment affectueusement « Ku'damm ». Cette version berlinoise des Champs-Élysées est l'une des destinations shopping les plus prisées de la ville. N'hésitez pas à flâner dans le quartier, tissé de rues charmantes, où cafés, galeries et cinémas évoquent les folles années 1920.

▶**Accès** : Ⓢ 5, 7 Savigny Platz, Zoologischer Garten, Ⓤ 2 Zoologischer Garten, 1, 9 Kurfürstendamm, 1 Uhlandstraße, 1, 2, 3 Wittenbergplatz et 🚌 100 + 200 Zoologischer Garten, Breitscheidplatz.
Plan détachable A6, B5-6, C5-6.
▶**Conseil** : avec la réunification, le Ku'damm s'est un peu endormi, boudé notamment par la jeunesse qui lui préfère des quartiers branchés situés plus à l'est. Il n'en reste pas moins, le samedi surtout, l'une des principales zones commerçantes de Berlin et les cafés alentour sont toujours une destination incontournable de la bourgeoisie cultivée.

TAUENTZIENSTRASSE

C5 Communément appelée « Tauentzien », cette rue très commerçante, qui prolonge le Kurfürstendamm sur son extrémité orientale, est la rue la plus chère de tout Berlin (310 € le m^2/mois).

KADEWE

(Kaufhaus des Westens)
C6 *Tauentzienstraße 21-24 - lun.-jeu. 10h-20h, vend. 10h-21h, sam. 9h30-20h (🌡 p. 129).*
Voici le plus grand magasin d'Europe après le célèbre Harrods de Londres ! Le KaDeWe, avec ses sept étages et ses 60 000 m^2, a été édifié en 1906 par Johann Emil Schaudt. Plusieurs fois agrandi et modifié, il était destiné à attirer la clientèle aisée des quartiers ouest, alors en plein développement.
La **station de U-Bahn**, sur la place, a été construite en 1911-1913 par Alfred Grenander ; remarquez son style classique et n'hésitez pas à y entrer pour admirer la finesse des détails. Le plan du bâtiment, en forme de croix, orientait les voyageurs sur les différentes lignes.

EUROPA-CENTER

C5 *Tauentzienstraße 9-12.*
Juste derrière l'église du Souvenir, cet ensemble daté de 1965 a marqué

l'histoire de l'architecture de l'ouest de la ville. Il fut l'un des premiers « gratte-ciel » de Berlin (103 m) et le premier exemple moderne de galerie marchande couverte. Centre commercial et d'affaires, il abrite aussi des restaurants, des cinémas et un célèbre cabaret, **Die Stachelschweine** (« Les Porcs-épics », 🕭 p. 162). Dans la cour ouest, la fontaine **L'horloge du temps qui passe** est une œuvre de l'artiste français Bernard Gitton. Derrière l'Europa Center se trouve la jolie « porte des Éléphants » (Elephantentor) marquant l'entrée du **zoo**.

La fontaine avec ses caractères exotiques et ses sculptures en bronze, sur la place entre l'église du Souvenir et l'Europa Center, symbolise le globe terrestre. Les Berlinois l'appellent simplement **Wasserklops**.

KAISER-WILHELM-GEDÄCHTNISKIRCHE★

(Église du Souvenir)
C5 Breitscheidplatz - ☎ 218 50 23 - tlj 9h-19h - gratuit - très nombreux concerts à 18h (dates sur www.gedaechtniskirche.berlin-de).

La **Breitscheidplatz** est un lieu de rendez-vous populaire apprécié des musiciens et artistes de rue, qui attirent les touristes et les curieux. En son centre trône celle que les Berlinois ont surnommée la « dent creuse », la **Kaiser-Wilhelm-Gedächtniskirche** (église commémorative de l'empereur Guillaume Ier). De l'église néoromane, édifiée entre 1891 et 1895 par Franz Schwechten et dédiée à l'empereur Guillaume Ier et au souvenir du « jour de Sedan », ne subsiste que le clocher tronqué, le reste ayant disparu sous les bombardements. Le narthex de la vieille église a conservé des mosaïques illustrant la généalogie des Hohenzollern. La nouvelle église et son clocher, œuvres d'**Egon Eiermann** (1959-1961), forment avec le vestige un ensemble original qui est l'un des emblèmes de Berlin. Les **vitraux**★ bleus à l'intérieur ont été réalisés à Chartres. Derrière l'église s'étire une longue galerie commerciale qui a fait peau neuve en 2014 : **Bikini Berlin** (🕭 p. 129).

KURFÜRSTENDAMM★★

A6, B6, C5 Prestigieuse avenue de 3,5 km de long et 53 m de large, le Kurfürstendamm – ancienne route aménagée au 16e s. par le margrave (de l'allemand *Markgraf* : marquis) Joachim III – prit sa physionomie urbaine en 1886 sous l'impulsion de **Bismarck**, qui voulait faire de Berlin une ville aussi brillante que le Paris haussmannien. Il est encore possible, en arpentant l'avenue, de trouver quelques beaux immeubles qui témoignent de cette période faste (remarquez notamment les immeubles, coiffés d'une coupole).

C'est surtout durant les années 1920, dans ses théâtres et cabarets, ses salons de thé selects et ses grands cinémas, qu'a battu le cœur du Ku'damm. Les écrivains **Bertolt Brecht** et **Alfred Döblin**

(👁 p. 164) fréquentaient ses nombreux cafés. Les artistes **Otto Dix, Max Beckmann, Georg Grosz** y discutaient de leurs futures audaces. C'est ici aussi qu'une inconnue nommée **Marlene Dietrich**, bientôt révélée dans *L'Ange bleu* de Josef von Sternberg (1929), commença à faire parler d'elle. Le tout premier film parlant allemand fut projeté sur le Ku'damm, au cinéma Alhambra (1923) ; en 1926, Joséphine Baker enflammait le Nelson (le futur « cinéma Astor » qui a dû fermer ses portes en 2002 faute de pouvoir payer un loyer devenu trop élevé). Après la Seconde Guerre mondiale, le Kurfürstendamm bombardé n'était plus que ruines. Mais le quartier s'est rapidement relevé pour devenir bientôt le cœur de Berlin-Ouest et – aux yeux de Berlin-Est – la luxueuse vitrine de « l'Occident capitaliste ». Le bar du tout nouveau gratte-ciel **Upper West** (2017) devrait vous offrir une **vue**★ imprenable sur les quartiers centraux de Berlin.

KRANZLER-ECK★ ET NEUES KRANZLER-ECK

C5 *Kurfürstendamm 18.*
Le bâtiment du **Kranzler-Eck** (1955) est emblématique des années de reconstruction d'après-guerre. Sa coupole d'angle en béton et ses stores rayés rouge et blanc ont longtemps abrité le **Café Kranzler**, autrefois célèbre, qui a été remplacé par des magasins (à l'exception d'un salon de thé qui existe toujours dans la rotonde). En 2000-2001, un nouveau complexe de verre et de béton de l'architecte Helmut Jahn, le **Neues Kranzler-Eck**, lui a été accolé, provoquant force critiques.

FASANENSTRASSE★★★

C5 Cette rue réputée pour ses boutiques de luxe et ses galeries d'art donne une idée du premier Kurfürstendamm, jalonné de villas ou de maisons particulières avant même la construction des immeubles résidentiels. Au n° 23, la **Literaturhaus**★★★, jolie villa dotée d'un adorable jardin, est un haut lieu de la vie littéraire berlinoise. Elle accueille conférences, lectures, expositions *(www.literaturhaus-berlin.de)* et abrite le **café Wintergarten**, idéal pour faire une halte. Une librairie *(Kohlhaas & Co - lun.-vend. 10h30-19h30, sam. 10h30-18h)* occupe le sous-sol.

LUDWIG-ERHARD-HAUS★★

C5 *Fasanenstr. 85.*
Derrière le Delphi Filmpalast *(👁 ci-contre)*, on remarque la **Ludwig-Erhard-Haus**, bâtiment moderne achevé en 1998 qui abrite la Chambre de commerce et de l'industrie (Industrie-und Handelskammer Berlin ou IHK) ainsi que la Bourse de Berlin. L'architecte britannique **Nicholas Grimshaw**, connu, entre autres, pour avoir réalisé la gare de Waterloo à Londres, est l'auteur de ce surprenant bâtiment, dont la

KURFÜRSTENDAMM

ilhouette évoque celle d'un tatou. Des dimensions différentes ont été données aux 15 arcs qui supportent la toiture et les étages de bureaux, et ce afin d'adapter la structure au relief du terrain.

KANT-DREIECK★

C5 Fasanenstr. 81/Kantstr. 155.
Cette étonnante tour (1995) surmontée d'une voile métallique ressemblant à un aileron de requin est l'œuvre de **Josef Paul Kleihues**. C'est l'une des premières tours de bureaux construites alors dans le centre-ville ouest. L'immense voile peut s'agiter lorsque le vent souffle fort.

MUSEUM FÜR FOTOGRAFIE - HELMUT NEWTON FOUNDATION★

(Musée de la Photographie - Fondation Helmut Newton)
C5 Jebensstr. 2 - ℘ 318 648 56 - www.helmut-newton.de - ♿ - mar.-vend. 10h-18h (jeu. 20h), sam.-dim. 11h-18h - 10 €.
Considéré comme l'un des plus éminents photographes de mode, **Helmut Newton** a travaillé, entre autres, pour les magazines *Elle* et *Vogue* et a marqué la presse de ses photographies glamour et sensuelles. Peu de temps avant sa mort, en 2004, il a fait don d'une partie de son travail à sa ville natale, qui se charge désormais d'organiser régulièrement des expositions temporaires. Il avait fui Berlin en 1938. Il s'appelait alors Helmut Neustädter.

THEATER DES WESTENS★★

(Théâtre de l'Ouest)
C5 Kantstr. 12 - ℘ 319 030 - www.musicals.de - billetterie : ℘ 0805 44 44.
Le théâtre (1895-1896) est un exemple caractéristique de l'architecture éclectique de la fin du 19e s., mêlant styles classique – pour la façade par exemple –, et néogothique – ainsi, à l'arrière du bâtiment, colombages et briques rouges font référence à un *Burg* médiéval. L'entrée, aujourd'hui sur la rue, donnait à l'origine devant l'entrée de l'actuel **Delphi Filmpalast**, un des grands cinémas de la fin des années 1940 ; ce dernier comprenait alors 1200 places, mais n'en compte plus que 725 aujourd'hui. Dans la cave du bâtiment, un club de jazz mythique a ouvert ses portes, le **Quasimodo**, qui a accueilli et continue d'accueillir les grands noms du jazz.

KÄTHE-KOLLWITZ-MUSEUM★★

C6 Fasanenstr. 24 - ℘ 882 52 10 - www.kaethe-kollwitz.de - tlj 11h-18h - 6 €.
Artiste berlinoise expressionniste de talent, **Käthe Kollwitz** (1867-1945) fait montre d'un engagement social sensible dans tout son œuvre peint, gravé et sculpté. Des œuvres fortes, sombres, qui expriment la douleur d'une femme envers la misère des classes sociales défavorisées. Ce musée est issu de la collection de **Hans Pels-Leusden** (1908-1993), un amateur et un marchand d'art qui a fondé juste à côté, au n° 25, dans la

superbe villa éclectique **Grisebach**★★, une salle des ventes aujourd'hui très réputée *(lun.-vend. 10h-18h30, sam. 11h-16h - www.grisebach.com)*.

SAVIGNYPLATZ★

B5 Voici l'une des plus jolies places de Berlin. Aménagée au début du 20ᵉ s., elle est située au cœur d'un quartier où se rencontraient, avant la réunification, artistes et intellectuels de l'Ouest. Elle est toujours très appréciée pour ses boutiques, ses cafés et ses restaurants, qui s'égrènent également dans les petites rues alentour. Au sud-ouest de la place, les **S-Bahn-Bögen** (« arcades de la S-Bahn ») sont une tradition on ne peut plus berlinoise : elles abritent des boutiques, cafés et librairies ayant pour point commun d'être rythmés par le passage des S-Bahn juste au-dessus !

Statue de Käthe Kollwitz

Käthe Kollwitz, une artiste engagée
Après ses études, Käthe Schmidt se marie à Karl Kollwitz, un médecin dont le cabinet fait également office de planning familial. Le spectacle de la misère donne lieu à des constats désespérés dans l'œuvre de Käthe Kollwitz : « Les Piétinés », « La Mort prélève son tribut », « La Mère dans le lit de l'enfant mort ».
Membre de la Sécession berlinoise, elle sera nommée professeur à l'Académie des beaux-arts en 1919. Son œuvre sculptée est presque entièrement détruite par la guerre. Évacuée à Moritzbourg, près de Dresde, elle s'y éteint le 22 avril 1945.

Charlottenburg ★★★

Résidence d'été des Hohenzollern, famille impériale qui régna du 14e au 19e s. sur le Brandebourg et la Prusse, le château de Charlottenburg compte parmi les plus beaux ensembles architecturaux de Berlin. Ses appartements baroques et rococo, entourés de jardins à l'anglaise et à la française, composent un cadre magnifique, doté de plusieurs musées intéressants. Partez à la découverte de trois siècles d'histoire de la cour de Prusse...

▶ **Accès** : Ⓢ 41, 42, 46 Westend Ⓤ 7 Richard-Wagner-Platz, 2 Sophie-Charlotte-Platz, 🚌 109 Luisenplatz, 309 Schloss Charlottenburg.
Plan détachable A2-4.
▶ **Conseils** : le « Ticket Charlottenburg + » à 12 €, acheté dans l'un des musées, est aussi valable dans tous les autres sites de Charlottenburg (sauf pour le Vieux Château, fermé pour travaux). Attention : beaucoup de monde en été ! Prévoyez d'arriver de bonne heure !

SCHLOSS CHARLOTTENBURG★★

(Château de Charlottenburg)
A3 Spandauer Damm 10-22 -
℘ *32 09 10 - www.spsg.de.*
Le château de Charlottenburg était à l'origine la retraite préférée de la reine Sophie-Charlotte, épouse de Frédéric Ier, qui fonda avec le philosophe Leibniz, en 1700, la Société des sciences. Après sa mort précoce en 1705, le château de Liezenburg fut rebaptisé Charlottenburg en son honneur.

Altes Schloss★★
(Vieux Château)
Pavillon central du château -
℘ *32 09 10 - www.spsg.de - fermé pour travaux jusqu'en 2018.*
Les appartements du rez-de-chaussée correspondent à la partie la plus ancienne du château. On y visite notamment les **appartements mecklembourgeois** (trois petites pièces tendues de tentures aux couleurs chaudes et aux remarquables dessus-de-porte en bois sculpté), les **salles d'apparat** (avec les salles officielles de réception mais aussi les appartements privés du roi et de la reine), le **cabinet des Porcelaines★★** (conçu par Frédéric Ier qui les collectionnait avec passion), la **chapelle du château★** (réalisée en 1706 et très richement décorée).

Le 1er étage du corps central réunit les **anciens appartements de Frédéric-Guillaume IV** (très belle **vue★** sur le jardin). Celui-ci fut le dernier souverain Hohenzollern à avoir résidé régulièrement à Charlottenburg, jusqu'à sa mort, en 1861. Ses anciens appartements sont décorés de meubles et d'œuvres d'art provenant des châteaux de Berlin et Potsdam qui évoquent l'**histoire de la monarchie prussienne**. Remarquez les porcelaines de la Manufacture royale (« KPM ») et l'argenterie de la cour des Hohenzollern dans le **Cabinet d'argent** (Silberkammer). Le clou de l'exposition est le **service de table du prince héritier**★★ (Kronprinzsilber) : ce chef-d'œuvre de l'artisanat d'art allemand du 20ᵉ s. fut offert par 414 villes prussiennes à l'occasion du mariage, en 1904, du prince Guillaume avec la duchesse Cécile de Mecklembourg-Schwerin. Dans les faits, le service, terminé en 1914, n'appartint jamais au couple.

Le **cabinet de la Couronne** abrite les vestiges du trésor royal de Prusse : un heaume funéraire (1688, réalisé pour l'enterrement du Grand Électeur), l'épée de l'Électeur du Brandebourg, le sceptre endiamanté de Frédéric Iᵉʳ (le corps de l'aigle est un rubis offert par le tsar Pierre le Grand) et des vestiges des couronnes royales de Frédéric Iᵉʳ et Sophie-Charlotte.

Neuer Flügel★★
(Nouvelle Aile)
À l'est du Vieux Château - ℘ 32 09 10 - ♿ - mar.-dim. 10h-17h (18h avr.-oct.) - 10 € (audioguide inclus) - droit photos 3 €.

La visite commence au 1ᵉʳ étage, côté gauche, par les **appartements de Frédéric le Grand**, dont la **Salle blanche** de style rocaille (à la fois salle du trône et salle à manger) et l'exubérante **Galerie dorée**★★ (une salle de bal richement décorée). Les salles suivantes abritent une collection de peintures françaises du 18ᵉ s. réunie par le souverain, qui en était grand amateur, avec des œuvres importantes de **Watteau**★★★ (*L'Embarquement pour Cythère*).

La visite se poursuit dans les **chambres d'hiver**★, l'incroyable **décor fleuri en chintz**★ **des Indes** de la salle 348 *(Ostindisches Zitzzimmer)* et l'évanescente **chambre à coucher de la reine Louise**★, la toute première réalisation du jeune **architecte Schinkel** (ℒ *p. 164*) pour la famille royale.

En descendant l'escalier, on découvre les **appartements**, très remaniés, **de Frédéric-Guillaume II et III**. Une salle abrite une maquette et des représentations du **château de Berlin** détruit par les autorités est-allemandes en 1950-1951 (ℒ *p. 36*). Dans les appartements côté jardin, ne manquez pas la **salle à manger**★ (salle 320), décorée en 1820 de papiers peints chinois.

Les autres pièces comportent de nombreux tableaux de maîtres qui ont été acquis par Frédéric-Guillaume III, soucieux d'encourager les peintres allemands. Notable exception cependant, dans la dernière pièce, plusieurs œuvres françaises, dont : **Le Consul Bonaparte lors de la traversée du Grand St-Bernard**★★ (1800), l'un des tableaux les plus célèbres de Jacques Louis David et, de François Gérard, *Napoléon Empereur*. Ces toiles ont été rapportées à Berlin comme butin de guerre par le général prussien Leberecht von Blücher, ennemi juré des Français, qui commanda l'armée prussienne à la bataille de Waterloo.

SCHLOSSGARTEN★★

(Parc du château)
A2-3 Spandauer Damm - ☎ 32 09 10 - de 6 ou 8h (selon la saison) à la tombée de la nuit - gratuit.
La reine Sophie-Charlotte avait visité en France les jardins de **Le Nôtre**, qui lui avaient fait grande impression. Aussi est-ce l'élève de Le Nôtre, **Siméon Godeau**, qui élabore en 1697 le parc de Charlottenburg auquel est appliquée la stricte géométrie d'un jardin à la française. Détruit par les bombardements, le parc a été réaménagé après la guerre selon une combinaison originale : restauré selon les canons du jardin « à la française » en son centre, il conserve alentour la liberté du jardin à l'anglaise.

Neuer Pavillon★ (Schinkel-Pavillon)
☎ 32 09 10 - mar.-dim. 10h-17h (18h avr.-oct.) - 4 € - droit photos 3 €.
L'intérieur de cette **résidence d'été** (1825) de Frédéric-Guillaume III, rénové en 2011, est tout à fait emblématique de la tendance **Biedermeier** de la première moitié du 19e s. : sobre, confortable et modeste, ce qui a de quoi surprendre dans la demeure d'un roi. Remarquez l'élégante série de sièges « à l'antique » conçus par **Schinkel** et, salle 23, les œuvres du peintre **Caspar David Friedrich** (1774-1840).

Belvédère★
☎ 32 09 10 - mar.-dim. 10h-18h (fermé nov.-mars) - 4 € - droit photos 3 €.
Le Belvédère (1789-1790), dessiné par **Carl Gotthard Langhans**, était la « maison de thé » de Frédéric-Guillaume II qui aimait y organiser, de temps à autre, des réunions de spiritisme, dont il était féru. Sa façade dans des tons pastel et blanc est d'une simplicité nouvelle qui s'éloigne de l'architecture rococo et annonce le néoclassicisme. Le Belvédère abrite un petit **musée★** de la Manufacture royale de porcelaine de Berlin (« KPM »), qui illustre l'histoire de la porcelaine berlinoise aux 18e et 19e s.

Mausoleum★
☎ 32 09 10 - mar.-dim. 10h-18h (fermé nov.-mars) - 2 € - droit photos 3 €.
La reine Louise était attachée au domaine de Charlottenburg. À sa mort, son époux, Frédéric-Guillaume III, inconsolable, décide d'y bâtir un mausolée, plusieurs fois agrandi par la suite afin d'accueillir d'autres membres de la famille Hohenzollern. À l'intérieur, le **tombeau de la reine Louise★★** en marbre de Carrare a rendu son auteur, **Christian Daniel Rauch** (1777-1857), immédiatement célèbre. Le modelé fluide et sensuel du marbre, la pose naturelle et peu conventionnelle de la souveraine et la beauté des mains, du visage et du drapé contrastent avec la raideur des gisants de Guillaume Ier et de son épouse Augusta.

Offiziers-Kasernen der « Gardes du corps » (Casernes du régiment des « Gardes du corps »)
Les deux bâtiments que l'on voit à l'entrée de la Schloßstraße (les n° 1 et 70) ont été conçus entre 1851 et 1859 par **Friedrich August Stüler** pour le régiment « Gardes du corps », l'ancienne Garde royale. Ils sont tous deux coiffés de lanternes en forme de petites rotondes de temple antique

qui répondent au dôme du château de Charlottenburg et soulignent la position centrale de la Schloßstraße. Aujourd'hui, ces anciennes casernes abritent le **musée Berggruen** et la collection Scharf-Gerstenberg.

BRÖHAN-MUSEUM★

A4 *Schloßstr. 1a - ℘ 326 906 00 - www.broehan-museum.de - ♿ - mar.-dim. 10h-18h - fermé 24 et 31 déc. - 8 €, gratuit 1er merc. du mois.*
Ce musée conserve une riche collection dans le domaine des arts décoratifs couvrant une foisonnante période : les années 1889-1939 qui embrassent le Jugendstil et les tout premiers exemples du design moderne. Réunie par **Karl H. Bröhan** (1921-2000) qui en a fait don à la ville de Berlin en 1981, elle n'est malheureusement visible qu'en partie, entre deux expositions temporaires. Ses points forts : les **vases Art Nouveau★**, conçus par Émile Gallé ou les frères Daum à Nancy, ainsi que les meubles signés Guimard et Majorelle. À signaler aussi un très beau tableau de **Walter Leistikow** (*Le Porta*, 1895) et, exposés dans les vitrines de la mezzanine du 3e étage, des objets représentant les différentes tendances de l'**Art déco allemand★**.

MUSEUM BERGGRUEN★

(Musée Berggruen)
A4 *Schlossstr. 1 - ℘ 266 424 242 - www.smb.museum - ♿ - mar.-vend. 10h-18h, sam.-dim. 11h-18h - 10 €.*

La collection de l'ancien marchand d'art parisien **Heinz Berggruen** comprend surtout des œuvres de Pablo Picasso. Toutes les facettes de sa production y sont représentées : peintures (*Le Pull-over jaune*, 1939 ; *Dora Maar aux ongles verts*, 1936), sculptures (*Tête de Fernande*, 1909), dessins et gouaches.
On y trouve aussi des dessins de Cézanne, Van Gogh, Matisse, Braque, Laurens, Giacometti et quelques chefs-d'œuvre de l'art africain. L'importante collection **Paul Klee** (plus de 50 oeuvres), que Heinz Berggruen appréciait tout particulièrement, n'est que partiellement exposée pour l'instant (fermeture d'une aile pour travaux).

« Variété », par Hans Baluschek, au musée Bröhan.

◉ VISITER BERLIN

Dahlem★

Sa station de métro à toit de chaume et colombages lui donne un petit air de village. Et pourtant, cette banlieue résidentielle située au sud-ouest du Ku'damm, à l'orée de la forêt de Grunewald, cache dans la verdure environnante un complexe de deux musées qui invitent à un beau voyage à travers les cultures du monde (Museen Dahlem) et l'expressionnisme allemand (Brücke-Museum).

▶ **Accès** : Ⓢ 3 Dahlem-Dorf, 🚌 X83 Dahlem-Dorf, 110 Domäne Dahlem. *Plan détachable* **Hors plan par A8.**
▶ **Conseil** : comptez 30mn de trajet pour rallier Dahlem-Dorf au départ de la Potsdamer Platz et quatre bonnes heures pour visiter les Museen Dahlem.

MUSEEN DAHLEM★★

(Musées de Dahlem)
Hors plan par A8 Lansstraße 8 - ℰ 266 42 42 42 - www.smb.museum - mar.-vend. 10h-17h, sam.-dim. 11h-18h - 8 €.
Ce vaste complexe muséal, édifié dès 1914 mais achevé en 1970, faisait, jusqu'en 2016, la part belle à l'**ethnographie** et aux **arts extra-européens** (Afrique, Islam, Extrême-Orient...). Certaines de ses collections ont déjà quitté les lieux pour rejoindre le futur château de Berlin (♿ *p. 36*). Mais il lui reste encore quelques trésors, à découvrir jusqu'en 2018 :
Amérique centrale *(salle 2)* – La plupart des objets de ce département ont été réunis au 19e s. par des collectionneurs berlinois. Eduard Seler, fondateur des études mexicaines à Berlin, a rapporté de la région de Puebla un tissage du 16e s., le **Lienzo Seler**, racontant la fondation de la principauté de Coixtlahuaca (il n'existe que 12 exemplaires au monde de textiles de ce type). Autre pièce rarissime : la **coupe aztèque★** en augite-porphyre dans laquelle était recueilli le sang des sacrifiés.
Europe *(salle 6)* – Depuis 2011, seule une infime partie de la collection (225 000 objets répartis par thèmes et 40 000 objets distribués par « ethnies ») est exposée, selon un axe particulier : la question des identités locales face à l'émergence d'une culture globale. Les œuvres – une gondole vénitienne, une **crèche de Noël mécanique★** de Saxe (1885), un **masque★** du pays de Salzbourg, une armoire suédoise en bois peint... – témoignent des spécificités régionales mais aussi, pour certaines, d'un métissage culturel.

BRÜCKE-MUSEUM★★

(Musée du mouvement Die Brücke)
Hors plan par A8 Bussardsteig 9 - 🚌 *115, arrêt Pücklerstraße (prendre*

DAHLEM

Le métro de Dahlem.

la Pücklerstr. vers l'Ouest, puis la 1re à gauche, Fohlenweg, et la 1re à droite) - ℘ 831 20 29 - www.bruecke-museum.de - merc.-lun. 11h-17h - 6 €.

Ce musée, à la lisière de la forêt, est consacré à un important « groupe » d'artistes de l'expressionnisme allemand, **Die Brücke** (👁 *p. 160*), mouvement fondé à Dresde en 1905 par des étudiants qui voulaient créer un art expressif par la déformation des lignes et l'utilisation de couleurs violentes. En 1911, le groupe se déplaça à Berlin, où il se dispersa en 1913. La plupart des tableaux, aquarelles et dessins exposés sont dus à Karl **Schmidt-Rottluff**, Ernst Ludwig **Kirchner**, Erich **Heckel**, Emil **Nolde** et Max **Pechstein**.

GRUNEWALD★★

Hors plan par A8 Hüttenweg 100 - 🚌 X83 ou 115 (arrêt Clayallee puis 15mn de marche sur Im Jagen) - ℘ 813 35 97 - www.spsg.de - avr.-oct. : mar.-dim. 10h-18h ; nov.-mars : w.-end et j. fériés 10h-16h (dernière entrée à 15h) - 6 €.

Cette forêt de 3100 ha était, dès le 16e s., une réserve de chasse des princes-électeurs. Elle est limitée à l'est par un chapelet de lacs, dont le Grunewaldsee, au bord duquel se trouve un charmant **pavillon de chasse**★ *(Jagdschloss Grunewald)*, bâti en 1542 par Caspar Theyss pour Joachim II et remanié (1705) dans le goût baroque à l'initiative de Frédéric Ier.

VISITER BERLIN

Potsdam★★★

La cité d'élection des anciens rois de Prusse possède un charme tout provincial, avec ses maisons basses, ses anciennes portes et son célèbre joyau rococo, le château de Sans-Souci, dissimulé au cœur de la verdure. Mais la capitale du Brandebourg vit aussi un second souffle : le centre redécouvre son canal longtemps enfoui ; un nouveau quartier se dresse au bord du Tiefer See ; même la place historique du Vieux Marché retrouve peu à peu son aspect d'origine...

▶ **Accès** : depuis Berlin (Hauptbahnhof ou Zoologischer Garten) : Ⓢ 7 (toutes les 10mn) ou train RE1 (2 trains/h). Si vous avez une WelcomeCard au tarif AB, il vous suffit, pour rallier Potsdam, d'acheter un ticket au tarif BC (3 €).
▶ **Conseils** : le « ticket Sanssouci + » à 19 €, que l'on peut acheter à l'avance sur www.spsg.de, est un forfait valable dans tous les sites du parc de Sans-Souci. Prévoyez d'arriver tôt et comptez une bonne journée pour voir l'essentiel !

LE CENTRE HISTORIQUE★★

De la gare, le « Grand Pont » (Lange Brücke) mène directement au Parlement (Landtag) qui porte sur une de ses façades les mots « Ceci n'est pas un château » ! Il s'agit d'une reconstitution de l'ancien château de Potsdam qui avait été copieusement bombardé en 1945 et rasé vers 1960. De là, vous vous rendrez à pied sur les sites décrits ci-dessous.

FILMMUSEUM POTSDAM★

(Musée du Cinéma)
Breite Straße 1A - ☏ 0331 27 181 12 - www.filmmuseum-potsdam.de - tlj sf lun. 10h-18h - 5 €.
La longue écurie baroque, à gauche du Landtag, est l'un des plus anciens monuments de la ville. À l'origine (1685), il s'agissait d'une orangerie. De nos jours, elle abrite le musée du Cinéma, consacré pour l'essentiel aux **studios de Babelsberg** où furent tournés *Les Nibelungen* de Fritz Lang (1924) et, plus récemment, *Le Pianiste* de Polanski (2002). Ces mythiques studios ne sont pas accessibles au grand public : néanmoins, un parc d'attractions **Filmpark Babelsberg,** situé à l'est du centre historique, lève le voile sur les effets spéciaux, le travail des cascadeurs... *(Großbeerenstr. 200 - 🚌 601 - ☏ 0331 721 27 50 - www.filmpark.de - juil.-août : tlj 10h-18h ; avr.-juin et sept. : 10h-18h sf lun. et vend. - 21 € ; tarif réduit avec la WelcomeCard).*

NEUER MARKT★★

(Nouveau Marché)
Au n° 9 de cette place trône le **Kutschenstall**★. Édifié (1790) sur les plans d'**Andreas Ludwig Krüger,** il accueillait les chevaux des carrosses royaux. Il abrite désormais la **Maison de l'histoire prussienne**

et brandebourgeoise *(Haus der Brandenburgisch-Preußischen Geschichte - www.hbpg.de - mar.-jeu. 10h-17h, vend.-dim. 10h-18h - 4,50 €).*

ALTER MARKT★

(Vieux Marché)

Œuvre de **Schinkel** (1837), l'**église St-Nicolas**★ *(Nikolaikirche)* qui domine la place offre un autre exemple convaincant du néoclassicisme allemand. Son dôme, achevé en 1850 par les élèves du maître, prend pour modèle la prestigieuse basilique St-Pierre de Rome. L'architecture des palais alentour lorgne elle aussi du côté de l'Italie. Au n° 9, le **Potsdam Museum** *(mar.-vend. 10h-17h, jeu. 19h, sam.-dim. 10h-18h - 5 €),* installé dans l'ancien hôtel de ville conçu (1755) par Jan Boumann, retrace mille ans d'histoire de la ville.

HOLLÄNDISCHES VIERTEL★★

(Quartier hollandais)

Le même Boumann a construit vers 1735, de part et d'autre de la **Mittelstraße**, un quartier destiné à loger les artisans hollandais, venus pour assécher les marais de Potsdam. L'une des 134 maisons est ouverte au public au n° 8 de la Mittelstraße *(lun.-vend. 13h-18h, sam.-dim. 11h-18h).* Au sortir du Quartier hollandais, flânez sur la Brandenburger Straße : elle vous conduira tout droit à la **Porte de Brandebourg**★ *(Brandenburger Tor)*, qui se dresse depuis 1770 sur la Luisenplatz, à deux pas du **parc de Sans-Souci.**

PARC ET CHÂTEAU DE SANS-SOUCI★★★

Tracé en partie par le talentueux paysagiste Peter Joseph Lenné, ce parc de 300 ha *(tlj de 8h à la tombée de la nuit)* inclut plusieurs monuments bâtis entre 1744 et 1860. L'ensemble, classé au Patrimoine mondial, attire chaque année 400 000 visiteurs.

SCHLOSS SANS SOUCI★★★

(Château de Sans-Souci)

🚌 *606, 695 - ☎ 0331 96 94 200 - www.spsg.de - ♿ - tlj sf lun. 10h-17h ; 18h d'avr. à oct. - fermé 24-25 et 31 déc. - 12 € - l'accès au château suit un quota limité d'entrées. Il est conseillé d'acheter son billet sur le site Internet ou de se rendre sur place dès l'ouverture - droit photos : 3 €.*

Difficile de rester insensible à la majestueuse façade que l'on découvre à mesure que l'on gravit l'escalier. Selon le plan de Knobelsdorff, elle devait longer la terrasse mais le roi préféra la construire en retrait pour se ménager de belles échappées sur la nature environnante. La visite des salles révèle toute la virtuosité des artistes chargés de leur ornementation : une **bibliothèque** en bois de cèdre ; une **salle de concert**, chef-d'œuvre du rococo prussien… La plus célèbre est la **salle de marbre** où se déroulaient les « tables rondes », réunions pleines d'esprit ayant Voltaire pour vedette. La **chambre Voltaire** (où le philosophe n'a jamais dormi) séduit par son décor de fleurs peintes et de fruits sculptés.

BILDERGALERIE★ ET NEUE KAMMERN★

(Galerie de tableaux et Nouvelles Chambres)

Elles sont situées de part et d'autre du château de Sans-Souci. Dans la **galerie de tableaux** (*mai-oct. : tlj sf lun. 10h-18h - 6 €*) sont exposées des œuvres italiennes, françaises et flamandes, toutes acquises par Frédéric II. Les **Nouvelles Chambres** (*avr.-oct. : tlj sf mar. 10h-18h; fermé nov.-mars - 6 €*) occupent une orangerie construite par Knobelsdorff en 1747 et transformée en appartements pour les invités du roi (1775). À l'intérieur, **galerie d'Ovide★** ornée de scènes tirées des *Métamorphoses* d'Ovide.

Derrière les Nouvelles Chambres se profile le Vieux Moulin (Historische Mühle - *avr.-oct. : tlj 10h-18h - 5 €*), rendu célèbre par une anecdote : son tic-tac dérangeait le roi qui s'efforça de convaincre le meunier d'arrêter de travailler ou de quitter l'endroit. Il alla jusqu'à lui proposer de l'argent, peine perdue. Frédéric II intenta alors un procès au meunier et le perdit.

ORANGERIE SCHLOSS★

(Nouvelle Orangerie)

Fermé pour travaux ; réouv. prévue au printemps 2018.

Elle fut édifiée entre 1851 et 1860 dans le style des palais italiens de la Renaissance, d'après un plan de Frédéric-Guillaume IV. Ses appartements ont été occupés par le tsar Nicolas Ier et son épouse.

De là, le chemin conduit au Pavillon des Dragons (**Drachenhaus)**, pagode conçue en 1770 par Karl von Gontard, et au **Belvédère du Klausberg,** la dernière construction de Potsdam décidée par Frédéric II (1772).

NEUES PALAIS★★

(Nouveau Palais)

🚌 695 - *avr.-oct. : tlj sf mar. 10h-18h (nov.-mars : 17h) - 8 €.*

Cet imposant palais, à l'extrémité ouest du parc, fut bâti à l'initiative de Frédéric le Grand qui voulait démontrer que la puissance économique de la Prusse était demeurée intacte après la guerre de Sept Ans. Il s'agit donc d'une « fanfaronnade » royale ! Ses 400 pièces reflètent l'esprit de démesure qui présida au projet, réalisé en un temps relativement bref : 1763-1769. La visite permet d'en parcourir quelques-unes, dont la **salle aux Coquillages★**, la **salle de Marbre★** et le **théâtre**.

S'il vous reste un peu de temps, vous pouvez visiter le **Château de Charlottenhof★** (*mai-oct. : tlj sf lun. 10h-18h - 6 €*) bâti de 1826 à 1829 dans un style classique italien d'après des plans de K. F. Schinkel, et le charmant **Pavillon chinois** (Chinesisches Teehaus, *mêmes horaires - 3 €*), fruit de la « sinomanie » du 18e s.

À 1,5 km du centre (🚋 *90 ou 92, arrêt Puschkinallee), la* **Siedlung Alexandrowka★** abrite 13 maisons en bois. Privilège accordé aux chanteurs d'un chœur militaire russe résidant à la Cour, ces maisons se transmettaient de père en fils. Au n° 2, un musée évoque la vie de cette colonie russe (📞 *0331 817 02 03 - www.alexandrowka.de - tlj sf lun. 10h-17h, fermé janv.-fév. - 3,50 €*).

Grands lacs ★★

La capitale allemande a deux très grands lacs à portée de main : le Müggelsee au sud-est et le Wannsee au sud-ouest, tous deux parfaitement desservis par la S-Bahn. Bien sûr, en été, vous n'y serez pas seul – il existe à Berlin 55 clubs d'aviron et... 120 clubs de voile ! – mais laissez-vous tenter ! D'autant qu'il y a au fil de l'eau quelques jolis châteaux...

GROSSER ★★

Depuis Ostkreuz : S *7 (arrêt : Friedrichshagen puis 300 m à pied par la Bölchestr.; depuis Köpenick :* Tram *60 ou 61 (arrêt : Müggelseedamm/ Bölschestr.).*

Ce majestueux lac de 4 km sur 2,5 km est le plus grand de Berlin. Les princesses de Prusse venaient y pique-niquer sous les tilleuls. Les premières régates y ont été organisées en 1881. Aujourd'hui, dans la forêt de Köpenick qui jouxte le plan d'eau, les possibilités de promenades sont nombreuses. On se baigne près de l'arrêt de tram *(Freibad Friedrichshagen, tlj 9h-19h - 3,50 €).*

SCHLOSS KÖPENICK ★★

De la gare de Spindlersfeld, terminus de la S *47, prendre le* Tram *61 ou 63, arrêt Schlossplatz Köpenick -* ☎ *65 66 17 49 - www.smb.museum -* ♿ *- avr.-sept. : mar.-dim. 11h-18h; oct.-mars, jeu.-dim. 11h-17h - fermé j. fériés, 24 et 31 déc. - 6 €.*

Le **château de Köpenick**, bâti (1681) pour le futur roi Frédéric Ier, abrite le plus ancien **musée des Arts décoratifs d'Allemagne.** Ne manquez pas la salle marquetée du château de Haldenstein, le cabinet aux miroirs du château de Wiesentheid et le cabinet chinois du palais Graneri de Turin. Tout près du pont, on peut louer un bateau pour remonter la Dahme ou la Spree *(Solarbootpavillon, Müggelheimer Str. 1d - www. solarwaterworld.de -* ☎ *0160 630 99 97 - mars-oct., lun.-vend. 12h-19h, sam.-dim. 10h-19h - 10 €/h)* ou faire une croisière sur un des bateaux de la **Stern-und-Kreis** (embarcadère de Luisenhain; ♿ p. 148).

WANNSEE ★

Depuis Hauptbahnhof ou Zoologischer Garten : S *1 (arrêts Nikolassee ou Wannsee).*

Cette anse de la Havel est dotée d'une plage de sable avec cabines et section naturiste *(Strandbad Wannsee - lun.-vend. 10h-19h, sam.-dim. 8h-20h - 4 €).* Vous préférez vous mettre au vert ? Prenez le 🚌 218 *(1/h lun.-vend.; 2/h sam.-dim.)* qui vous conduira à l'embarcadère de **l'île aux Paons★★** *(Pfaueninsel; accès en bac : nov.-fév. 10h-16h ; mars-oct. 9h-18h, 20h en été - 4 €).* Avec ses jardins paysagers et son **château** (1797), cette île témoigne du goût pour les ruines en vogue au début du romantisme *(*☎ *0331 96 94 200 - www.spsg.de - avr.-oct. tlj sf lun. 10h-17h30 - 6 €).*

Nos adresses

Se restaurer	**110**
Prendre un verre	**118**
Shopping	**124**
Sortir	**130**
Se loger	**134**

Clärchen's Ballhaus.
B. Schoenberger/Clärchen's Ballhaus.

NOS ADRESSES

Se restaurer

Urbains affamés et pressés, bienvenue au paradis : à toute heure, vous trouverez des formules bon marché dans les *Imbiss* (kiosques) et les cafés. Curiosité locale à ne pas manquer : les « hommes-saucisses » de l'Alexanderplatz, leurs grills fixés à la taille, qui vendent des *Rostbratwurst* à emporter. Autre spécialité : les pantagruéliques buffets-brunchs du dimanche, proposés dans certains cafés pour une dizaine d'euros. Les restaurants plus élaborés, enfin, font la joie des gastronomes.

⚓ *« Prendre un verre » p. 118, la rubrique « Restauration » p. 143 et « Gastronomie berlinoise » p. 167.*

⚓ ***Repérez les adresses sur nos plans grâce aux pastilles numérotées (ex. 1). Les coordonnées en rouge (ex. C2) font référence au plan détachable (à l'intérieur de la couverture).***

REICHSTAG

Plan de quartier p. 26-27.

Moins de 15 €

51 Die ständige Vertretung – *F3* - Schifbauerdamm 8 - Ⓢ + Ⓤ *Friedrichstraße* - ✆ 282 39 65 - www.staev.de - ♿ - 10h-2h - 9/15 €. Brasserie culte ouverte en 1997, destinée à l'origine aux employés des ministères allemands qui ont dû déménager de Bonn à Berlin après la réunification.

De 15 à 30 €

50 Sarah Wiener – *E2* - Invalidenstr. 50-51 - Ⓢ + Ⓤ *Hauptbahnhof* - ✆ 70 71 36 42 - www.sarahwiener. de - mar.-merc. 10h-17h, jeu. 10h-20h, vend. 10h-23h, w.-end 11h-18h - 25/40 €. Dans le musée d'Art contemporain de la Hamburger Bahnhof, des spécialités autrichiennes et méditerranéennes concoctées par une cuisinière de renom. Réservation conseillée.

De 30 à 60 €

36 Käfer Berlin – *E4* - Platz der Republik 1 - dans le Reichstag - Ⓢ *Brandenburger Tor* - ✆ 226 29 90 - www.feinkost-kaefer.de - ♿ - 9h-16h30, 18h30-0h - 43/68 €. Vue panoramique sur l'est de Berlin depuis ce restaurant perché sur le toit du Reichstag, avec une cuisine allemande de bon aloi. Astuce : en y réservant une table, vous ne ferez pas la queue visiteurs !

BRANDENBURGER TOR

Plan de quartier p. 26-27.

Plus de 60 €

41 Lorenz Adlon Esszimmer – *F4* - Unter den Linden 77 - Ⓢ *Brandenburger Tor* - ✆ 226 119 60 - http://lorenzadlon-esszimmer. de - merc.-sam. 19h-22h30 - menu 145/205 €. Pour profiter du luxueux cadre du mythique hôtel Adlon. Cuisine française raffinée et plats classiques, revus dans l'air du temps.

SE RESTAURER

UNTER DEN LINDEN

Plan de quartier p. 26-27.

Moins de 15 €

64 Adam's – *F3* - *Georgenstr. 12 (gare de Friedrichstraße)* - Ⓢ + Ⓤ *Friedrichstraße* - ✆ *12 20 05 89 92* - *www.frischer-schmeckt.de* - *lun.-vend. 6h-22h, sam. 9h-0h, dim. 9h-22h.* Un joli panel de sandwichs originaux (*Klappstullen*) et salades, à emporter ou à grignoter sur place. C'est rapide, pas prétentieux, bon marché et frais.

26 Deponie N° 3 – *F3* - *Georgenstr. 5* - Ⓢ + Ⓤ *Friedrichstraße* - ✆ *201 657 40* - *www.deponie3. de* - *10h-0h - 13/20 €.* Ce bistrot berlinois à la clientèle variée se situe dans une arcade de la S-Bahn! À la carte : petit-déjeuner complet, spécialités berlinoises, en-cas et quelques plats plus consistants.

1 Café im Zeughaus – *G4* - *Unter den Linden 2* - Ⓢ + Ⓤ *Friedrichstraße* - ✆ *20 64 27 44* - *www.dhm.de* - ♿ - *10h-18h - 15/20 €.* Le café du musée de l'Histoire allemande a deux atouts : un large choix d'en-cas et de plats, et une belle terrasse avec vue sur le Berliner Dom.

MUSEUMSINSEL

Plan de quartier p. 46-47.

Moins de 15 €

2 Allegretto – *G3* - *Bodestr. 1* - Ⓢ + Ⓤ *Friedrichstraße* - ✆ *28 04 23 07* - *http://allegretto-neuesmuseum.de* - *10h-18h (jeu. 20h).* Au rez-de-chaussée du Neues Museum. Le cadre, chaleureux, est signé David Chipperfield et la carte, réduite mais appétissante : assiette de hors-d'œuvre égyptiens (8,90 €), sandwichs au saumon, salades, soupes et pâtisseries maison.

De 15 à 30 €

3 Humboldt Terrassen – *G4* - *Schlossplatz 5 - Schlossplatz 5* - Ⓢ + Ⓤ *Friedrichstraße* - ✆ *20 62 50 76* - *www.humboldt-terrassen.de* - ♿ - *10h-18h - 20/35 €.* Terrasse panoramique située au dernier étage de la Humboldt-Box *(p. 36).* On y sert une salade de poulet à 11,90 € des *Strudel* et du chocolat chaud à l'ancienne.

SCHEUNENVIERTEL

Plan de quartier p. 38-39.

De 15 à 30 €

59 Altes Europa – *G3* - *Gipsstr. 11* - Ⓤ *Weinmeisterstraße* + Ⓢ *Oranienburger Tor* - ✆ *28 09 38 40* - *www.alteseuropa.com* - *lun.-sam. à partir de 12h, dim. à partir de 14h* - *15/35 €.* Cuisine de bistrot savoureuse dans un lieu avec beaucoup de cachet, souvent bondé. Petite terrasse en été.

40 Yumcha Heroes – *G2* - *Weinbergsweg 8* - Ⓤ *Rosenthaler Platz* - ✆ *76 21 30 35* - *www.yumchaheroes.de* - *12h-0h - 15/20 €.* Petit restaurant où l'on déguste de délicieux *dumplings*, raviolis chinois aux saveurs douces-amères, cuits à la vapeur.

Plus de 60 €

54 Rutz – *F2* - *Chausseestr. 8* - Ⓤ *Oranienburger Tor*, Ⓢ + Ⓤ *Friedrichstraße* - ✆ *246 287 60* - *http://rutz-restaurant.de*

NOS ADRESSES

- ♿ - mar.-sam. à partir de 18h30 - autour de 100 €. Connu des gourmets berlinois, Rutz fait partie des restaurants en vue. Le chef vous enchante avec une cuisine raffinée aux accents méditerranéens. Autre atout : la carte des vins et ses 1001 crus.

65 Einsunternull – *F3* - *Hannoversche Straße 1* - Ⓤ *Oranienburger Tor* - ✆ *27 57 78 10* - *einsunternull.com - lun. 19h-23h, mar.-sam. 12h-14h, 19h-23h.* C'est le restaurant le plus créatif du moment. Ivo Eber bat la campagne du Brandebourg pour glaner des saveurs oubliées et redécouvrir l'essentiel du terroir. Résultat : une cuisine pleine de belles surprises, rehaussée de baies d'argousier, d'un jus de houblon sauvage ou d'une salade de feuilles de tilleul. Menu du midi à 29 €.

52 Restaurant Ross – *F3* - *Oranienburger Straße 32* - Ⓢ *Oranienburger Straße* - ✆ *275 834 22* - *restaurant-ross.com - tlj sf dim. 18h-23h.* Installé depuis 2015 dans une ancienne écurie des Heckmann Höfen, ces cours caractéristiques du quartier, le Ross propose trois menus d'inspiration méditerranéenne, végétarien, poisson ou thématique. Dans un décor épuré et élégant, dans lequel chaque détail a été pensé, la cuisine est délicate et inventive. Belle carte des vins.

ALEXANDERPLATZ

Plan de quartier p. 46-47.

De 15 à 30 €

4 Spreegold – *G3* - *Rosa - Luxemburger-Str. 2* - Ⓢ+Ⓤ *Alexanderplatz* - ✆ *375 879 80* - *www.spreegold. com - lun.-vend. 7h30-0h, w.-end 8h-0h - 20/40 €.* À l'angle de la Dirckenstraße, une cantine décontractée et sans prétention, où l'on sert à toute heure pâtes, salades, burgers, steaks et limonades originales. Dommage que la bande-son soit un peu bruyante.

32 Ephraim's – *G4* - *Spreeufer 1* - Ⓤ *Klosterstraße* - ✆ *247 259 47* - *http://ephraims.de - 12h-22h - 15/30 €.* Atmosphère agréable et terrasse en bordure de la Spree. Une aubaine ! Concerts le jeudi soir.

47 Mutter Hoppe – *G4* - *Rathaustr. 21 - 10178 Mitte* - Ⓤ *Klosterstraße* Ⓤ *Alexanderplatz* - ✆ *24 72 06 03* - *http://mutterhoppe.de - tlj à partir de 11h30 - 16/22 €.* Grandes salles en sous-sol, où venir en famille ou entre amis déguster une cuisine allemande. De septembre à juin, les vendredi et samedi, à partir de 19h, concerts dans le style des années 1920 et 1930.

PRENZLAUER BERG

Plan de quartier p. 38-39.

Moins de 15 €

28 Entwederoder – *G1* - *Oderbergerstr. 15* - Ⓤ *Eberswalder Straße* - ✆ *448 13 82 - http://cafe-entwederoder.de - tlj à partir de 10h - 12/20 €.* Bistrot idéal pour se plonger dans l'atmosphère branchée du quartier. Ambiance conviviale et familiale, plats allemands et quelques incursions vers l'Italie.

De 15 à 30 €

43 Metzer Eck – *H2* - *Metzer Str. 33* - Ⓤ *Senefelderplatz* - ✆ *442 76 56 - www*

SE RESTAURER

metzer-eck.de - lun.-vend. 16h-1h, sam. 18h-1h, fermé le dim. - 15/20 €. Voilà quatre générations que ce bistrot passe de main en main. Soupes maison, saucisses, boulettes et plats roboratifs, comme le jarret de porc au chou, servi le vendredi d'octobre à avril. Les photos au mur font revivre les bistrots berlinois à l'époque de l'Empire.

5 **November** – *H1* - Husemannstr. 15 - U *Eberswalder Straße* - ☎ 44 28 425 - www.cafe-november.de - ♿ - lun.-vend. 18h-1h, sam.-dim. 10h-1h - 13/23 €. À l'angle de la Sredzkistraße, un café convivial qui joue la carte du produit de saison et de la gastronomie austro-allemande : escalope aux concombres, boulettes de viande aux câpres (*Königsberger Klopse*)...

De 30 à 60 €

34 **Gugelhof** – *H2* - Knaackstr. 37 - U *Senefelderplatz ou Eberswalder Straße* - ☎ 442 92 29 - http://gugelhof.de - lun.-vend. 17h-23h, w.-end 12h-23h - 30/45 €, menu 26,90/29,50 €. Brasserie alsacienne avec des spécialités allemandes et françaises. Ses choucroutes et flammekueche sont très appréciées. Ambiance chaleureuse.

FRIEDRICHSHAIN

Plan détachable

De 15 à 30 €

67 **Café 100 Wasser** – *Hors plan* - Simon-Dach-Str. 39 - S + U *Warschauer Straße*, U *Frankfurter Tor* - ☎ 290 013 56 - www.cafe-100-wasser.de - ♿ - 9h-0h - 12/25 €. Cuisine sans prétention à prix doux. L'endroit est surtout conseillé pour goûter à l'atmosphère très vivante qui règne dans le quartier. Une valeur sûre. Le week-end (9h-16h), brunch avec buffet (10,50 €) à volonté !

68 **Schneeweiss** – *Hors plan* - Simplonstr. 16 - S + U *Warschauer Straße* - ☎ 290 497 04 - www.schneeweiss-berlin.de - lun.-vend. 18h-23h30, w.-end 10h-16h, 18h-23h30 - 20/45 €. Un écrin blanc dédié à la cuisine alpine créative. Sur les banquettes immaculées, une clientèle branchée bohème. Le week-end, brunch tardif jusqu'à 16h (à partir de 10h).

GENDARMENMARKT

Plan de quartier p. 26-27.

De 30 à 60 €

42 **Lutter und Wegner** – *F4* - Charlottenstr. 56 - U *Französische Straße* - ☎ 030 202 95 415 - www.l-w-berlin.de - 11h-3h - 30/50 €. La devise : « Le vin, les femmes et la chanson ». Une clientèle huppée a ses habitudes dans ce bar à vin fréquenté dans l'Entre-deux-guerres par les stars.

20 **Borchardt** – *F4* - Französische Str. 47 - U *Französische Straße* - ☎ 81 88 62 62 - www.borchardt-restaurant.de - 11h30-0h - 30/80 €, menu déj. 13 € env. Colonnes et plafonds stuqués : voici l'une des adresses « chic et branchées », où « voir et être vu » ! Cuisine d'inspiration française.

13 **Bocca di Bacco** – *F4* - Friedrichstraße 167/168 - U *Französische Straße* - ☎ 20 67 28 28 - www.boccadibacco.de - lun.-sam. 12h-0h, dim. 18h-0h. À deux pas des

NOS ADRESSES

Galeries Lafayette, une bonne table italienne qui a le sens du détail : il y a des grains de grenade dans la roquette et un soupçon de clémentine sur le filet de saumon en croûte. Réservation recommandée.

Plus de 60 €

56 VAU – *F/G4* - Jägerstr. 54-55 - U *Hausvogteiplatz* - ☏ 202 97 30 - www.vau-berlin.de - ♿ - lun.-sam. 12h-14h30, 19h-22h30 - menu 120/160 €, menu déj. 32/45 €. La décoration moderne se marie à une cuisine innovante. Assis sur la terrasse de la cour, n'hésitez pas à poser des questions sur l'histoire de l'édifice! On vous répondra avec plaisir.

KREUZBERG

Plan de quartier p. 68-69.

Moins de 15 €

53 Maroush – *H6* - Adalbertstr. 93 - U *Kottbusser Tor* - ☏ 695 361 71 - www.maroush-berlin.de - 11h-2h - plat 5/8 €. Parce qu'il existe aussi une communauté libanaise à Berlin, ce restaurant sert pour quelques euros les meilleurs *shawarmas* (équivalent du döner kebab) de la ville.

25 Curry 36 – *F6* - Mehringdamm 36 - U *Mehringdamm* - ☏ 258 00 88 336 - www.curry36.de - 9h-5h - Currywurst 1,60 €. On dit que ce petit *Imbiss* sert l'une des meilleures Currywurst (LA spécialité de la capitale !) de Berlin. La file d'attente, jour et nuit, le prouve.

61 Die Weltküche – *H7* - Graefestr.18 - U *Schönleinstraße* - ☏ 629 08 303 - www.dieweltkueche. de - ♿ - lun.-merc. 11h-18h, jeu. 11h-19h, vend.-sam. 11h-20h, dim. 12h-16h - plat 6/7 €. Créé à l'initiative d'immigrées, ce restaurant propose une cuisine du monde inventive et colorée, à très petits prix.

De 15 à 30 €

33 Hasir – *H6* - Adalbertstr. 10 - U *Kottbusser Tor* - ☏ 614 23 73 - www.hasir.de - 24h/24 - 15/20 €. C'est le temple du döner kebab berlinois, où il a été inventé dans sa version sandwich en 1971. Délicieux *ayran* (yaourt salé à boire) fait maison.

62 Max und Moritz – *H5* - Oranienstr. 162 - U *Moritzplatz* - ☏ 695 15 911 - www.maxundmoritzberlin.de - tlj à partir de 17h - 15/30 €. Une incontournable institution berlinoise, ouverte en 1902, où l'on déguste des spécialités locales. Très copieux.

6 Drei Schwestern – *H5* - Mariannenplatz 2 - U *Kottbusser Tor* - ☏ 600318600 - 3schwestern - berlin.de - ♿ - tlj à partir de 11h - 20/40 € - menu déj. 9,50/11,50 €. Au rez-de-chaussée du quartier des arts de Béthanie *(p. 66)*, une cuisine appétissante aux accents méditerranéens (polenta aux aubergines et fromage de chèvre...). Le plat du jour, servi lun.-vend. 12h-16h, est très abordable (7,50 €).

63 Bar Raval – *Hors plan* - Lübbener Str. 1 - U *Görlitzer Bahnhof* - ☏ 531 679 54 - www.barraval.de - ♿ P - tlj à partir de 15h (18h, d'oct. à mars) - 10/19 €. C'est le restaurant à la mode. Grand choix de tapas dans un cadre élégant, avec cuisine ouverte sur la salle.

De 30 à 60 €

18 Altes Zollhaus – *G6* - Carl-Heinz-Ufer 30 - U *Prinzenstraße* - ☏ 692 33 00 - www.

SE RESTAURER

altes-zollhaus-berlin.de - ♿ - *mar.-sam. à partir de 18h - 38/52 €, menu 39 €.* Au bord du Landwehrkanal, l'ancienne maison de la douane a conservé son ambiance rustique. Cadre élégant et feutré. Carte internationale. Spécialités du Brandebourg.

14 Spindler – *H6* - *Paul-Lincke-Ufer 43 -* **U** *Kottbusser Tor - ℘ 69 59 88 80 - www.spindler-berlin. com - lun.-vend. 12h30-15h30 (tlj à partir de 18h30) ; brunch le w.-end 10h-16h.* Saumon mariné aux betteraves ou pintade à la marjolaine : les portions sont menues mais le jeune Nicolas Gemin les apprête avec beaucoup de talent. Un régal pour les papilles autant que pour les yeux. Au bord du Landwehrkanal.

15 Tulus Lotrek – *H7* - *Fichtestraße 24 -* **U** *Südstern* 🚌 *M41 - ℘ 41 95 66 87 - www.tuluslotrek.de - tlj sf lun. 19h-23h.* Cet ancien bistrot, tapissé d'un incroyable papier peint, joue la carte de l'audace avec des assemblages inédits de textures et de saveurs : une larme d'absinthe, un croquant de lard dans le cabillaud… Surprenant et délicieux. Service chaleureux.

NEUKÖLLN

Plan détachable

Moins de 15 €

7 Katulki – *H7* - *Friedelstr. 40 -* **U** *Schönleinstraße - ℘ 20 62 90 96 - https://katulki.wordpress.com - lun.-vend. 9h-20h, w.-end 10h-20h, fermé en août.* Un café italo-polonais, à tester surtout pour l'ambiance chaleureuse. Au menu : *pierogi* et *orecchiette*, crêpes aux pommes de terre, carottes et paprika. Un petit aperçu d'un quartier multikulti.

De 30 à 60 €

8 Lavanderia Vecchia – *H8* - *Flughafenstr. 46 - arrière-cour -* **U** *Boddinstraße ou Rathaus Neukölln - ℘ 627 22 152 - https://lavanderiavecchia.wordpress.com - ♿ - lun.-vend. 12h-14h30 (sans réserv.), lun.-sam. 19h30-22h30 (sur réserv.) - menu 58 € bc, menu déj. à partir de 10 €.* Cette ancienne laverie, convertie en trattoria, est aujourd'hui la meilleure table de Neukölln. Le midi, menu à partir de 10 € ; le soir, menu à 58 € (boisson, café et digestif inclus). Viande les semaines paires, poisson les semaines impaires.

À l'heure du brunch

Le week-end, de très nombreux cafés et restaurants servent de 10h à 16h voire 17h un brunch à 8/12 €, généralement décliné en plusieurs formules : à l'anglaise, fitness, turc, russe ou tyrolien, comme au 3 Schwestern (6, ci-dessus). Il peut aussi prendre la forme d'un « buffet à volonté » chargé de jus de fruits frais, müesli… Les brunchs les plus courus sont ceux de la Literatur-Haus (31, ♿ p. 123), du Café Rix à Neukölln (Karl-Marx-Str. 141), du Morgenland à Kreuzberg (11, Skalitzer Str. 35), de l'Alpenstück à Mitte (12, Gartenstr. 9)… Réservation recommandée !

NOS ADRESSES

66 Industry Standard – *Hors plan* - Sonnenalllee 83 - Ⓤ *Rathaus Neukölln* - ✆ 62 72 77 32 - www.industry-standard.de - tlj sf lun. 18h-23h, dim. 10h-15h (brunch). Une cantine à la mode, très prisée des hipsters, où l'on sert à même le bois de la table des petits plats inspirés de la cuisine franco-méditerranéenne et des vins bio. Comptez 32 € pour un grondin au chorizo pour deux et 8 € pour un saumon, concombre et graines de moutarde. Réservez!

POTSDAMER PLATZ

Plan de quartier p. 78-79.

Moins de 15 €

19 Vapiano – *E5* - Potsdamer Platz 5 - Ⓢ+Ⓤ *Potsdamer Platz* - ✆ 030 23 00 50 05 - www.vapiano.de - 10h-1h, dim. 10h-0h. Un self-service où l'on combine soi-même pâtes et sauce, sa propre salade ou sa pizza. Les cuisiniers s'activent devant vous. Basilic, romarin et menthe à disposition.

De 15 à 30 €

35 Josty - *E4* - Bellevuestr. 1 - accès à partir de la pl. du Sony Center - Ⓢ+Ⓤ *Potsdamer Platz* - ✆ 257 511 05 - www.josty-berlin.de - ♿ - 8h-0h - 20/30 €. On y vient surtout pour s'asseoir à la terrasse d'où l'on admire l'architecture du Sony Center. Snacks, salades et pizzas maison, plats allemands servis à toute heure.

KULTURFORUM

De 15 à 30 €

24 Café und Restaurant im Kulturforum – *E5* - Matthäikirchplatz 8 - Ⓢ+Ⓤ *Potsdamer Platz* - ✆ 266 42 85 01 - www.smb.museum - ♿ - 10h-18h - 15/20 €. Dans la Gemäldegalerie, self-service agréable et propre : salades, saucisses, schnitzel, pizzas, gratins, desserts. La meilleure option dans le Kulturforum.

KURFÜRSTENDAMM

Plan détachable

De 15 à 30 €

49 Ranke 2 - *C5* - Rankestr. 2 - Ⓤ *Kurfürstendamm* - ✆ 883 88 82 - www.ranke2.de - 9h-0h - 25/35 €. Restaurant rustique du vieux Berlin fréquenté par les Berlinois. Bonne cuisine traditionnelle.

27 Dicke Wirtin - *B5* - Carmerstr. 9 - Ⓢ *Savignyplatz* - ✆ 312 49 52 - www.dicke-wirtin.de - 11h-23h - 12/20 €. L'un des plus anciens restaurants de Berlin, où essayer des spécialités berlinoises et goûter à la fameuse « tartine de saindoux ».

9 Bleibtreu - *B5* - Bleibtreustr. 45 - Ⓢ *Savignyplatz* - ✆ 881 47 56 - www.cafe-bleibtreu.de - ♿ - dim.-jeu. 9h-0h30, vend.-sam. 9h-1h30 - 15/25 €. Peu de plats « Typisch Berlin » ici, mais un large choix de salades et de pâtes à prix doux. Le brunch du w.-end et jours fériés à 11,50 € est une institution.

10 Neni - *C5* - Budapester Str. 40 - Ⓤ *Kurfürstendamm* ou Ⓢ+Ⓤ *Zoologischer Garten* - ✆ 120221200 - www.neniberlin.de - ♿ - lun.-vend. 12h-23h, sam.-dim. 12h30-23h - 25/40 €, menu déj. en sem. 15/18 €. Au 10ᵉ étage de l'hôtel 25hours, une toute nouvelle cantine qui vaut autant

SE RESTAURER

pour sa vue imprenable sur le zoo que pour sa cuisine inspirée, aux parfums du Proche-Orient. À midi *(lun.-vend.)*, menu 3 plats à 15 €.

De 30 à 60 €

48 Ottenthal – *C5* - *Kantstr. 153 - Savignyplatz - 313 31 62 - www.ottenthal.de - 17h-23h, réserv. conseillée - 25/45 €.* Cuisine traditionnelle d'inspiration autrichienne. Produits issus de petits producteurs, souvent bio.

16 44 – *C5* - *Augsburger Str. 44 - Kurfürstendamm - 220 10 22 88 - www.restaurant44.de - tlj sf dim. 18h-22h30 - 30/50 €, menu 44 €.* Restaurant moderne, élégant, service efficace. Cuisine inventive. Vue sur le Ku'damm.

CHARLOTTENBURG

Plan détachable

Moins de 15 €

39 Lentz – *A5* - *Stuttgarter Platz 2 0 - Charlottenburg - 324 16 19 - www.gasthaus-lentz-berlin.de - - dim.-jeu. 9h-0h, vend.-sam. 9h-1h - 15 €, menu déj. 8,90 €.* Brasserie berlinoise restée dans son jus, fréquentée par les habitants du quartier. On y sert une cuisine berlinoise traditionnelle. Grande terrasse à la belle saison.

Plus de 60 €

Ana e Bruno – **Hors plan** - *Sophie - Charlotten Str. 101 - Westend - 325 71 10 - www.ana-e-bruno. de - mar.-dim. 17h-0h - 30/45 €, menu 59/75 €.* « Cuisine italienne d'avant-garde ». Le chef, explique ses menus et recommande le vin adéquat pour chaque plat : risotto au foie gras et lasagnes au chocolat !

POTSDAM

De 15 à 30 €

Alexandrowka Haus 1 – *Russische Kolonie 1 - 0331 20 06 478 - www. alexandrowka-haus1.de - - tlj sf lun. 11h30-18h (21h de mai à oct.) - réserv. conseillée - 18/30 €.* Au rez-de-chaussée d'un des adorables petits chalets en bois de la colonie Alexandrowka, spécialités russes (pelmenis savoureux) dans une ambiance douillette et délicieusement kitsch. Accueil sympathique.

Zur historischen Mühle (Mövenpick) – *Zur historischen Mühle 2 - 331 28 14 93 - tlj 8h-22h (lun.-vend. petit-déj servi de 10h30 à 18h).* Truite meunière, escalope viennoise ou *rösti* suisse : la carte est variée et le jardin d'hiver agréable. Bon rapport qualité/prix. L'adresse idéale pour déjeuner à proximité du château de Sans-Souci.

De 30 à 60 €

La Maison du Chocolat – *Benkertstraße 20 - 0331 237 07 30 - www.schokoladenhaus-potsdam. de - - 30/33 €.* Ce restaurant tire son nom de la boutique dans laquelle on peut acheter entre autres de succulents gâteaux et truffes au chocolat. Un petit coin de France dans le quartier hollandais de Potsdam !

NOS ADRESSES

Prendre un verre

Berlin est généreuse en cafés et bistrots. Traditionnels ou branchés, ils abondent dans chaque quartier, en particulier à **Prenzlauer Berg** (Kastanien Allee), **Friedrichshain** (Simon Dach Str. et autour de Boxhagener Platz), **Scheunenviertel** (Rosenthaler Str. et Neue Schönhauser Str.), **Kreuzberg** (autour de Orianenstr. et de Kottbusser Tor).
👉 p. 121 : Bière et Biergarten.
👉 *Repérez les adresses sur nos plans grâce aux pastilles numérotées (ex. ❶). Les coordonnées en rouge (ex. C2) font référence au plan détachable (à l'intérieur de la couverture).*

SCHEUNENVIERTEL

Plan de quartier p. 38-39

❶ **Keyser Soze** – *F3* - Tucholskystr. 33 - Ⓢ *Oranienburger Straße* - ☏ 285 994 89 - www.keyser-soze.de - tlj 8h-3h. Café-bar très à la mode, idéal pour observer la faune du Mitte. L'étonnant mur lumineux orange, derrière le long comptoir, crée une ambiance tamisée.

❷ **Strandbad-Mitte** – *G2-3* - Kleine Hamburger Str. 16 - Ⓤ *Rosenthaler Platz* - ☏ 246 289 63 - www.strandbad-mitte.de - tlj 9h-2h. Valeur sûre du quartier des galeries d'art, apprécié pour sa terrasse en retrait de la rue et sa décoration originale.

❸ **The Barn** – *G2-3* - Auguststr. 58 (près de la Koppenplatz) - Ⓤ *Weinmeisterstraße* ou Ⓢ *Oranienburger Straße* - www.thebarn.de - lun.-vend. 8h-18h, sam.-dim. 10h-18h. La meilleure adresse pour déguster un vrai café, torréfié par Ralf Müller. En prime, des jus de fruits frais, des scones et des petits gâteaux.

❹ **Tadschikische Teestube** – *F3* - Oranienburger Str. 27 (Kunsthof) - Ⓢ *Oranienburger Straße* - www.tadschikischeteestube.de - lun.-vend. à partir de 16h, sam.-dim. dès 12h. Le fameux salon de thé *tadjik*, cadeau de l'URSS à la RDA en 1974, devrait retrouver, à la fin des travaux, ses quartiers habituels : le 1er étage du palais Am Festungsgraben, derrière la Neue Wache. En attendant, belle sélection de thés traditionnels.

❸❹ **Nannuoshan** – *F3* - Oranienburger Str. 32 - Ⓢ *Oranienburger Straße* - ☏ 239 175 71 - www.nannuoshan.org - tlj sf mar. 12h-20h, dim. 10h-18h. Une gamme de 50 thés très délicats, provenant de Chine pour la plupart, préparés dans les règles de l'art et servis dans l'arrière-cour des Heckmann Höfe. Relaxant.

ALEXANDERPLATZ

Plan de quartier p. 46-47

❺ **Sphere** – *G3* - Panoramastr. 1a - Ⓢ + Ⓤ *Alexanderplatz* - ☏ 2475750 - https://tv-turm.de - 9h-0h (nov.-fév. 10h-0h). Perché dans le dôme de la tour de la Télévision (Fernsehturm), à 203 m d'altitude, ce bar effectue une rotation en 30mn. Vue exceptionnelle et cocktails. Happy hour : 14h-16h.

NOS ADRESSES

⑥ Brauhaus Georgbräu – *G4* - *Spreeufer 4 -* Ⓢ *+* Ⓤ *Alexanderplatz - ℘ 242 42 44 - www.georgbraeu. de - tlj à partir de 12h.* Grande brasserie avec un immense Biergarten l'été en bordure de la Spree. Les spécialités berlinoises, et la bière brassée sur place, attirent du monde.

PRENZLAUER BERG

Plan de quartier p. 38-39

⑦ Anna Blume – *H1* - *Kollwitzstr. 83 -* Ⓤ *Senefelderplatz - ℘ 44 04 87 49 - www.cafe-anna-blume.de - 8h-0h.* Le comptoir à gâteaux de ce café-pâtisserie-magasin de fleurs ravira les gourmands. Adorable terrasse fleurie.

⑧ Bar Gagarin – *H2* - *Knaackstr. 22 -* Ⓤ *Senefelderplatz - ℘ 442 88 07 - lun.-sam. 9h30-2h, dim. 10h-2h.* Café très fréquenté, à la déco dédiée au cosmonaute russe disparu. Brunchs du dimanche très appréciés, en terrasse aux beaux jours.

⑨ Prater Garten – *G1* - *Kastanienallee 7-9 -* Ⓤ *Rosenthaler Platz - ℘ 448 56 88 - www. pratergarten.de - à partir de 12h par beau temps, d'avr. à sept.* Très central tout en étant calme, voici le plus ancien *Biergarten* de la ville. Un incontournable, avec une auberge *(lun.-sam. à partir de 18h, dim. dès12h).*

⑩ Pfefferberg Sommergarten – *G2* - *Schönhauser Allee 176 -* Ⓤ *Senefelderplatz - ℘ 44 38 30 - à partir de 12h.* Un autre Biergarten, à tester aux beaux jours pour le cadre, le charme de ses vieux platanes et pour les bières brassées. Très couru lors des retransmissions de match sur écran géant.

㉟ Le Croco bleu – *H2* - *Prenzlauer Allee 242 -* Ⓤ *Senefelderplatz* 🚌 *M2 (arrêt Metzer Straße) - ℘ 0151 58 24 78 04 - www.lecrocobleu.com - jeu.-sam. à partir de 18h.* Le cadre ambiant est surréaliste : animaux empaillés, fioles d'apothicaire, vieilles machines (on est ici dans l'ancienne brasserie Bötzow)… mais de l'Acu Acu au Yuzu Mai Tai, les cocktails valent le détour !

FRIEDRICHSHAIN

Plan détachable

⑫ Sibylle – *Hors plan* - *Karl-Marx Allee 72 -* Ⓤ *Strausberger Platz - ℘ 293 522 03 - www.cafe-sibylle.de - lun. - 11h-19h, mar.-dim. 10h-19h.* Café emblématique de la Karl-Marx Allee, qui n'a presque pas changé depuis son ouverture dans les années 1950.

⑬ Café Tasso – *Hors plan* - *Frankfurter Allee 11 -* Ⓤ *Frankfurter Tor - ℘ 486 247 08 - www.cafe-tasso.de - lun.-sam. 9h30-20h.* Café chaleureux, rempli de livres d'occas' que l'on peut acheter pour quelques euros. Petite restauration bio.

⑭ Safé – *Hors plan* - *Sonntagstr. 10 -* Ⓢ *Ostkreuz - www.cafe-safe. de - lun.-vend. 7h-19h, w.-end 10h-19h.* Les délicieux *cappuccini* et l'ambiance chaleureuse de ce minuscule café tenu par deux Italiens valent le détour. On y sert aussi d'excellents sandwichs et toasts.

GENDARMENMARKT

Plan de quartier p. 26-27

⑮ Newton Bar – *F4* - *Charlottenstr. 57 -* Ⓤ *Stadtmitte - ℘ 202 95 421 - www.newton-bar.de - jeu.-sam.*

PRENDRE UN VERRE

11h-4h, dim.-merc. 11h-3h. Aux murs, les célèbres photographies érotiques d'Helmut Newton. Le comptoir ovale devient bar en plein air l'été.

CHECKPOINT CHARLIE

Plan de quartier p. 68-69

16 **Taz Café** – *F5* - *Rudi-Dutschke - Str. 23 -* U *Kochstraße -* ℘ *25 90 21 64 - www.taz. de - lun.-vend. 8h-20h.* Au rez-de-chaussée du célèbre quotidien de gauche *Tageszeitung*, surnommé « Taz », on peut boire un délicieux café équitable tout en lisant le journal. Cantine à petits prix le midi.

KREUZBERG

Plan de quartier p. 68-69

17 **Ankerklause** – *H6* - *Kottbusser Damm 104 -* U *Kottbusser Tor -* ℘ *693 56 49 - www.ankerklause.de - lun. à partir de 16h, mar.-dim. à partir de 10h.* Café-bar très fréquenté jour et nuit, repérable à son ancre bleue lumineuse sur le toit, avec terrasse perchée au-dessus du Landwehrkanal.

19 **Eiscafé Isabel** – *H6* - *Böckhstr. 1 -* U *Schönleinstraße -* ℘ *62 73 64 96 - www.barletta-eis.de - avr.-sept. : 10h-22h ; oct.-mars : 10h-18h.* Au bord du Landwehrkanal, en face de l'Admiralbrücke, où se donne rendez-vous la jeunesse berlinoise aux beaux jours, grand choix de glaces que l'on peut déguster sur une terrasse ensoleillée et souvent prise d'assaut.

20 **Café Luzia** – *H6* - *Orianenstr. 34 -* U *Kottbusser Tor -* ℘ *817 999 58 - www.luzia.tc - tlj à partir de 12h.* Idéal pour prendre un café l'après-midi ou une bière le soir dans la rue la plus animée du quartier. Ambiance cosy et à la fois destroy-chic, entre squat et boudoir. Fauteuils vintage et éclairages tamisés.

21 **Kaffee Kirsche** – *H5* - *Adalbertstr. 23 -* U *Kottbusser Tor -* ℘ *61 62 73 32 - http://kaffeekirsche. berlin - lun.-vend. 8h-19h, sam. 10h-18h, dim. 11h-18h.* Café du Nicaragua et thé à la menthe fraîche, à emporter

---

Bières et Biergarten

*Dès les beaux jours, les Biergärten (« jardins à bière ») ouvrent leurs portes. Cette tradition, d'origine bavaroise, a fait son nid dans la capitale allemande : très appréciées l'été, ces brasseries en plein air se résument généralement à de longues tablées dotées de bancs, où l'on s'assoit sans façon après avoir commandé au comptoir sa bière – à la pression (vom Fass) ou en bouteille (Flasche) – et de quoi l'accompagner (salade, saucisse, sandwichs, etc.). Les Biergärten les plus agréables, et les plus fréquentés, sont installés sur les rives de la Spree et dans les parcs (**9** Prater, **30** Cafe am Neuen See...).*
De toutes les bières locales, la plus célèbre est la Berliner Weisse, à fermentation haute, que l'on boit souvent « mit Schuss », autrement dit teintée de rose ou de vert par un trait de sirop de framboise ou d'aspérule (Waldmeister). Les Lager, elles, sont des bières à fermentation basse. C'est le cas de la Pils (blonde et légère mais un peu amère) et de la Bock (plus sombre et plus épaisse).

NOS ADRESSES

ou à siroter sur place. Tartelettes maison très recommandables.

㉒ Freischwimmer – *Hors plan* - *Vor dem Schlesischen Tor 2a* - Ⓤ *Schlesisches Tor* - ℘ *610 743 09* - *www.freischwimmer-berlin. com* - *lun.-vend. à partir de 12h, sam.-dim. à partir de 10h.* Au bord du Landwehrkanal, ce café est constitué d'un assemblage de pontons. Un authentique avant-goût de vacances.

㊱ Dolden Mädel Braugasthaus – *F7* - *Mehringdamm 80* - Ⓤ *Mehringdamm* - ℘ *773 262 13* - *www.doldenmaedel.de - dim.-jeu. 11h30-0h30, vend.-sam. 11h30-1h30.* Un must pour les amateurs de bières artisanales. Chaque jour, le patron propose, en plus des 70 bières à la carte, une vingtaine de bières brassées en ville (la Berliner Berg, la Heidenpeters) ou à l'extérieur (la Mikkeller de Copenhague). On peut aussi s'y restaurer.

NEUKÖLLN

Plan détachable

㉓ Klunkerkranich – *Hors plan* - *Karl-Marx-Str. 66 - ascenseur jusqu'au niveau 5* - Ⓤ *Rathaus Neukölln* - *www.klunkerkranich.de - jeu.-vend. 16h-1h30, sam.-dim. 12h-1h30- fermé janv.-fév.* Depuis que le toit du centre commercial Neukölln-Arcaden est devenu le terrain de jeu des hipsters du quartier, on y trouve jus de fruits frais, apéritifs, cocktails sans alcool, massages et musique live.

㉔ Prachtwerk – *Hors plan* - *Ganghoferstr. 2* - Ⓤ *Rathaus Neukölln* - ℘ *01 76 61474750 - http:// prachtwerkberlin.com - dim.-mar.*

10h-23h, merc. 10h-0h, jeu. 10h-1h, vend.-sam. 10h-2h. Tout près de la piscine municipale de Neukölln, John et Stephanie Hasler ont ouvert un grand bar avec quelques meubles vintage et des cafés issus du commerce équitable. Belle ambiance.

㉕ Fräulein Frost – *H7* - *Friedelstr. 39* - Ⓤ *Schönleinstraße* - ℘ *95 59 55 21 - à partir de 11h, fermé mi-oct. à mi-mars.* On s'y bouscule pour siroter un bon café ou déguster une glace (certaines sont très originales, comme le sorbet concombre-citron-menthe ou l'excellent sureau-prosecco).

㉖ Bully's Bakery – *H7* – *Friedelstr. 7* - Ⓤ *Hermannplatz* - ℘ *25 32 55 00* - *lun.-vend. 8h-18h, w.-end 9h-18h.* À l'angle de la Weserstraße, un bistrot-boulangerie assez cosy proposant gâteaux maison, plusieurs sortes de cafés et des flammekueche alsaciennes.

DIPLOMATENVIERTEL

Plan de quartier p. 78-79

㉘ Café Einstein – *D5/6* - **Café Einstein** – *Kurfürstenstr. 58* - Ⓤ *Nollendorfplatz* - ℘ *263 91 918 - www. cafeeinstein.com - 8h-0h.* La villa de la star Henny Porten abrite le plus beau café berlinois « à la viennoise », avec hauts plafonds et jardin. Chocolat viennois et pâtisseries maison.

㉙ Felleshus (Nordische Botschaften) – *D5* - *Rauchstr. 1* - 🚌 *200* - ℘ *50 500 - www. nordischebotschaften.org - lun.-vend. 10h-11h30, 13h-16h.* Une adresse peu connue des touristes : l'agréable bar-self situé au 3e étage des ambassades

PRENDRE UN VERRE

nordiques *(p. 84)*. Attention : la tranche 11h30-13h est réservée au personnel des cinq ambassades.

TIERGARTEN

Plan détachable

30 Cafe am Neuen See – ***C5*** – *Lichtensteinallee 2 -* U *Hansaplatz -* ☏ *254 493 0 - www.cafeamneuensee. de - tlj à partir de 9h (Biergarten, lun.-vend. à partir de 11h ; sam.-dim. dès 10h).* Immense *Biergarten* (1000 places !) en bordure d'un lac au cœur du Tiergarten. Particulièrement prisé des Berlinois en été. Possibilité de louer une barque pour une balade romantique sur le petit lac.

KURFÜRSTENDAMM

Plan détachable

31 Literatur Haus – ***C6*** – *Fasanenstr. 23 -* U *Uhlandstraße -* ☏ *882 54 14 - www.literaturhaus-berlin.de - 9h-0h.* La bourgeoisie cultivée berlinoise a ses habitudes dans ce salon de thé chic attenant à la Maison de la littérature. Grand choix de gâteaux. Terrasse dans un jardin ravissant.

33 Schwarzes Café – ***B5*** – *Kantstr. 148 -* U *Uhlandstraße -* ☏ *313 80 38 - www.schwarzescafe - berlin.de - 24h/24 (mar. fermé 3h-10h).* L'un des *Kneipen* (bistrots) préférés des Berlinois, avec de bons petits plats à toute heure. Ses horaires quasi illimités attirent les artistes, les étudiants et les noctambules.

37 Monkey Bar – ***C5*** – *Budapester Straße 49 -* U *Kurfürstendamm* ou S + U *Zoologischer Garten -* ☏ *120 221 210 - www.25hours-hotels.*

Tiergarten, Café Am Neuen Seen.

com - dim.-jeu. 12h-1h, vend.-sam. 12h-2h. Ce bar au 10e étage de l'hôtel 25hours a plusieurs atouts : une vue imprenable, une ambiance conviviale et un bon choix de vins du Palatinat. Comptez 7,50 € pour un cocktail rhubarbe et sureau sans alcool.

POTSDAM

Café Heider – *Friedrich-Ebert-Str. 29 -* ☏ *0331 270 55 96 - www.cafeheider. de - ouv. dès 8h en semaine, 9h le sam., 10h le dim.* Du temps de la RDA, le vénérable café Heider (1878) était le seul café privé de tout Potsdam. Y est proposé un vaste choix de cafés, de thés, de chocolats (et de bons gâteaux).

NOS ADRESSES

Shopping

Si vous aimez les grandes marques et les centres commerciaux, ne manquez pas le célèbre axe commerçant, le **Kurfürstendamm**. Côté est, la **Friedrichstraße** est aujourd'hui colonisée par les vitrines de luxe. Autres points névralgiques : **Friedrichpassagen** (avec les Galeries Lafayette), les quartiers de Scheunenviertel, truffé de boutiques branchées, et de Friedrichshain, autour de la Simon-Dach Straße. Les boutiques de **Prenzlauer Berg** – celles notamment de la Kastanienallee et de l'Oderbergerstraße – sont encore plus pointues. Berlin accueille aussi de nombreux marchés aux puces le dimanche.

Pour les galeries d'art, rendez-vous autour de l'**Auguststraße**, à Scheunenviertel.

Tailles – Attention : pour les vêtements, femme ou homme, sachez qu'un 38 allemand équivaut à un 40 français (taille allemande = taille française + 1).

Soldes – Depuis 2004, chaque magasin en organise librement. De nombreuses boutiques ont gardé l'ancien calendrier : soldes hiver (fin janv.-début fév.) et été (début août).

« Horaires » p. 142.

Repérez les adresses sur nos plans grâce aux pastilles numérotées (ex. ❶). Les coordonnées en rouge (ex. C2) font référence au plan détachable (à l'intérieur de la couverture).

UNTER DEN LINDEN

Plan de quartier p. 26-27.

Livres

❶ **Berlin Story** – *F4* - *Unter den Linden 40* - Ⓢ *Brandenburger Tor* - ✆ *204 538 42* - *www.berlinstory.de* - *10h-18h*. « Alles über Berlin » : tout sur Berlin, à travers 3 000 ouvrages, tous dédiés à la ville (certains en français ou en anglais). En prime, cette vaste librairie propose un rayon souvenirs, des panneaux et deux films (gratuits) sur l'histoire de la ville.

L'Ampelmann, symbole de l'Östalgie.

SHOPPING

Produits de luxe

2 Departmentstore Quartier 206 – *F4* - *Friedrichstr. 71* - U *Französische Straße* - ✆ *209 468 00* - *www.quartier206.com* - *lun.-vend. 11h-20h, sam. 10h-18h.* Le très élégant Department Store (grand magasin) constitue le cœur du Quartier 206. On ne trouve nulle part ailleurs dans Berlin une telle concentration de produits de luxe, notamment dans les domaines de la mode, des chaussures, des accessoires, des bijoux ou encore des cigares.

SCHEUNENVIERTEL

Plan de quartier p. 38-39.

Souvenirs

3 Ampelmann Galerie Shop – *G3* - *Hackesche Höfe, Hof 5 - Rosenthalerstr. 40-41* - S *Hackescher Markt* - ✆ *44 72 64 38* - *www.ampelmann.de* - *lun.-sam. 9h30-22h, dim. 13h-20h.* Vert ou rouge ? Le petit bonhomme est-allemand, emblème des feux de circulation, s'est mué en icône marchande, ornant vaisselle, bibelots, tee-shirts... Autres points de vente : Unter den Linden 35 et Gendarmenmarkt 37.

31 Erzgebirgskunst – *G3* - *Sophienstraße 9* - S *Hackescher Markt,* U *Weinmeisterstraße* - ✆ *28 04 51 30* - *www.dregeno.de* - *lun.-vend. 11h-19h, sam. 11h-18h.* Vous trouverez ici toutes sortes d'objets artisanaux en bois provenant des monts Métallifères (sud de la Saxe) : jouets, pyramides de Noël, anges et porte-bougies.

Bonbons

4 Bonbonmacherei – *F3* - *Heckmann Höfe - Oranienburger Str. 32* - U *Oranienburger Tor* - ✆ *440 552 43* - *www.bonbonmacherei.de* - *merc.-sam. 12h-19h - fermé en juil.-août.* Caramel, violette, orange, vanille... Vous êtes au royaume des bonbons faits maison, dans la seule fabrique artisanale de Berlin. Sa spécialité : les « Berliner Maiblätter », parfumées à l'aspérule.

Mode

5 Made in Berlin – *G3* - *Neue Schönhauser Str. 19* - U *Weinmeisterstraße* - ✆ *212 30 601* - *www.kleidermarkt.de* - *tlj sf dim. 12h-20h.* La Mecque des hipsters berlinois. Grande friperie où dénicher le dernier accessoire vintage à la mode.

6 Jünemann's Pantoffeleck – *G2* - *Torstr. 39* - U *Rosa-Luxemburg-Platz* - ✆ *442 53 37* - *www.pantoffeleck.de* - *lun.-vend. 9h-18h.* Un atelier de pantoufles (depuis 1908 !), alignant les modèles classiques ou design, enfants ou adultes. Coup de cœur : les « BVG-Pantoffel », du nom des transports en commun berlinois, fabriquées avec l'ancien tissu des bus à deux étages.

Livres

32 Walther König – *G3* - *Burgstraße 27* - S *Hackescher Markt* - ✆ *25 76 09 80* - *www.buchhandlung-walther-koenig.de* - *tlj sf dim. 10h-20h.* À deux pas de l'île des Musées, une excellente librairie spécialisée dans les domaines de la photo, de l'architecture, du design et des arts décoratifs. Brade aussi de nombreux catalogues d'expo et livres d'art en français.

NOS ADRESSES

NIKOLAIVIERTEL

Plan de quartier p. 46-47.

Souvenirs

㉝ **Kugelei** – *G4* - Poststraße 12 - **S** + **U** *Alexanderplatz* - ℘ 24 72 75 75 - www.kugelei.de - lun.-vend. 12h-18h, sam. 12h-16h. Une jolie échoppe située près de la Knoblauchhaus qui vend toute l'année, au milieu de superbes bouquets de fleurs fraîches, des œufs de Pâques peints à la main et des boules de Noël artisanales. Fragile mais craquant.

PRENZLAUER BERG

Plan de quartier p. 38-39.

Déco, accessoires

❼ **Luxus International** – *G1* - Kastanienallee 84 - **U** *Eberswalder Straße* - ℘ 864 355 00 - www.luxus-international.de - tlj sf sim. 11h-20h. Cette petite galerie expose et commercialise les dernières créations d'une centaine de créateurs berlinois. Du sac-bandoulière à la peluche tricotée, une mine d'idées cadeaux à prix plutôt abordables.

❽ **VEB Orange** – *G1* - Oderberger Str. 29 - **U** *Eberswalder Straße* - ℘ 978 868 86 - www.veborange.de - lun.-sam. 11h-19h. Un antiquaire spécialisé dans l'« ostalgie », la nostalgie de l'ex-RDA. Les chineurs y trouveront objets, meubles et vêtements des *seventies*.

Épicerie

❾ **Ostkost** – *H1* - Lychener Str. 54 - **U** *Eberswalder Straße* - ℘ 446 536 23 - lun.-vend. 8h-20h, sam. 8h-19h. Dans cette épicerie bio, les nostalgiques de l'ex-Berlin-Est trouveront un petit rayon gourmand « made in ex-RDA ».

Mode

❿ **Thatchers** – *G1* - Kastanienallee 21 - **U** *Rosenthaler Platz* ou *Eberswalder Straße* - ℘ 246 277 51 - www.thatchers.de - lun.-sam. 11h-19h. Une ligne de vêtements pour femmes, urbaine et élégante, fondée dans les années 1990 par deux créateurs berlinois.

⓫ **Flagshipstore** – *G1* - Oderberger Str. 53 - **U** *Bernauer Straße* - ℘ 43 73 53 27 - www.flagshipstoreberlin.de - lun.-vend. 12h-20h, sam.11h-20h. Boutique réunissant une trentaine de labels dans le domaine du vêtement urbain, équitable et éthique, pour hommes et femmes. L'occasion de découvrir de jeunes créateurs berlinois qui n'ont pas encore leur propre showroom.

㉞ **Kleid und Schuh** – *H1* - Sredzkistraße 34 - **U** *Eberswalder Straße* 🚌 M10 (arrêt Husemannstraße) - ℘ 44 03 46 53 - tlj sf dim. 11h-19h30. Loin des grands circuits de diffusion, il y a aussi cette sympathique boutique de vêtements, chaussures et autres accessoires pour femmes. Plusieurs modèles sont « made in Berlin » : l'atelier de confection se trouve au 46 de la même rue.

Puces

⓬ **Flohmarkt am Mauerpark** – *G1* - Bernauer Strasse 63-64 - Accès par Bernauer Str. 63-64 - **U** *Bernauerstraße* - ℘ 29 77 24 86 -

SHOPPING

www.flohmarktimmauerpark.de - dim. 9h-18h. On y mange autant qu'on y flâne. Très touristique. Objets déco vintage, instruments de musique et vieux appareils photo. À ne pas manquer : le karaoké géant qui a lieu tout au long de l'après-midi.

13 Trödelmarkt am Arkonaplatz – *G1* - *Arkonaplatz -* **U** *Bernauerstraße - ℘ 786 97 64 - www.troedelmarkt-arkonaplatz.de - dim. 10h-16h.* Spécialisé dans les objets des années 1950 à 1980, ce petit marché aux puces alternatif vaut aussi le détour pour sa clientèle, les familles bobos du Prenzlauer Berg.

FRIEDRICHSHAIN

Plan détachable

Mode

14 Bellanatur – *Hors plan* - *Boxhagener Str. 93 -* **U** *Samariter Straße - ℘ 290 385 67 - www.bellanatur.com - lun.-vend. 11h-19h, sam. 11h-15h.* Dessinés et fabriqués à Berlin, les vêtements de cette boutique composent une ligne féminine où le feutre et la laine ont la part belle. Rustiques, mais très urbains par leurs couleurs vives.

15 Pracht Mädchen – *Hors plan* - *Wühlischstr. 28 -* **S** + **U** *Warschauer Straße - ℘ 970 027 80 - www.prachtmaedchen.de - lun.-vend. 11h-20h, sam. 11h-18h.* Une jolie boutique de vêtements spéciale « Pracht Mädchen » (« super nanas »), avec des lignes urbaines et streetwear. Nombreuses marques scandinaves.

Puces

16 Flohmarkt am Boxhagener Platz – *Hors plan* - *Boxhagener Platz -* **S** + **U** *Warschauer Straße - dim. 10h-18h (s'active véritablement à partir de 11h).* Le « Boxi » est un des plus jolis marchés aux puces de la ville, bordé d'agréables terrasses de cafés.

35 hhv.de Store – *Hors plan* - *Grünberger Straße 54 -* **U** *Frankfurter Tor - ℘ 293 67 377 - tlj sf dim. 12h-20h.* Ce magasin de disques à l'origine (tendance hip hop) s'est étoffé, au fil des ans, d'un gros rayon mode jeune et urbaine. Vous y trouverez les marques Wemoto, Stüssy, HUF… – toute la panoplie pour arpenter le macadam de Friedrichshain.

Papeterie

17 Schwester Herz – *Hors plan* - *Gärtnerstr. 28 -* **S** + **U** *Warschauer Straße - ℘ 779 011 83 - www.schwesterherz-berlin.de - lun.-vend. 11h-20h, sam. 10h30-19h.* Adorable papeterie bourrée d'idées cadeaux. Coin salon de thé avec spécialité de smoothies.

GENDARMENMARKT

Plan de quartier p. 26-27.

Chocolats

18 Rausch Schokoladenhaus – *F4* - *Charlottenstr. 60 -* **U** *Stadtmitte - ℘ 8000301918 - www.rausch.de - lun.-sam. 10h-20h, dim. 11h-20h.* L'un des plus célèbres chocolatiers de la ville, depuis 1863. Ne manquez pas les maquettes chocolatées (le Reichstag, la porte de Brandebourg !) et le restaurant tout-chocolat.

NOS ADRESSES

KREUZBERG

Plan de quartier p. 68-69

Mode

19 Kitsch Nation – **H7** - Schönleinstr. 24 - **U** Schönleinstraße - ✆ 53 08 38 18 - www.kitsch-nation.de - mar.-vend. 14h-18h, sam. 12h-16h. Ce petit atelier-boutique propose d'adorables robes d'été aux imprimés kitsch, façon pin-up des années 1950.

Disques

20 Hard Wax – **H6** - Paul Lincke Ufer 44a - **U** Kottbusser Tor - ✆ 611 301 11 - hardwax.com - lun.-sam. 12h-20h. Dans une arrière-cour au bord du Landwehrkanal, magasin de vinyles mythique, qui attire les amateurs de techno du monde entier.

Bonbons

21 Kadó – **H7** - Graefestr. 20 - **U** Schönleinstraße - ✆ 690 416 38 - www.kado.de - mar.-vend. 9h30-18h30, sam. 9h30-15h30. Cette boutique rétro propose un choix époustouflant de réglisses de toutes origines.

NEUKÖLLN

Plan détachable

Mode

22 Nice ! – **H7** - Weserstr. 213 - **U** Hermannplatz - ✆ 65 21 39 30 - www.nicefootwear.de - lun.-mar. et jeu.-vend. 12h-20h, sam. 12h-19h. Un chausseur qui met la basket en vedette et joue la carte du développement durable. Éditions limitées, modèles 100 % écolo : de quoi arpenter les rues de Kreuzkölln.

Produits du terroir

23 Sommerfeld – **Hors plan** - Richardstr. 31 - 32 - **U** Karl-Marx-Straße - ✆ 687 69 22 - www.sommerfeld-spirituosen.de - lun.-sam. 10h-19h. Au cœur de l'ancien quartier tchèque, un large assortiment de bières, eaux-de-vie et autres spiritueux. Leur point fort ? Les liqueurs traditionnelles de Berlin au cumin (Grützmacher's Rixdorfer Kutscher Kümmel), au persil...

POTSDAMER PLATZ

Plan de quartier p. 78-79

Grand magasin

36 Mall of Berlin – **F5** - Leipziger Platz 16 - **S**+**U** Potsdamer Platz - ✆ 20 62 17 70 - www.mallofberlin.de - tlj sf dim. 10h-21h. Sous la verrière, une galerie marchande flambant neuve qui réunit des marques internationales et quelques griffes que vous ne connaissez peut-être pas encore (Falke, Liebeskind, Deichmann, Sportalm...). 300 boutiques.

TIERGARTEN

Plan détachable

Déco

24 KPM – **C4** - Wegelystr. 1 - **S** Tiergarten - ✆ 390090 - www.kpm-berlin.de - lun.-sam. 10h-18h - entrée 10 € (enf. 5 €, -12 ans gratuit). Lieu de fabrication, d'exposition (entrée 10 €) et de vente des objets marqués d'un sceptre bleu de la célèbre Manufacture royale de porcelaine de Berlin. Possibilité de se restaurer sur place.

SHOPPING

25 Manufactum – *B4* - *Hardenbergerstr. 4-5 -* S *Ernst-Reuter-Platz - ℘ 24 03 38 44 - www.manufactum.de - lun.-vend. 10h-20h, sam. 10h-18h (nov.-déc. jusqu'à 20h).* Tout pour la maison, de la cuisine au salon, du jardin au bureau. Magasin spécialisé dans la sélection d'objets design et rétro de très bonne qualité, marques allemandes et européennes.

Épicerie

26 Brot und Butter Manufactum – *B5 - Hardenbergerstr. 4-5 -* S *Ernst-Reuter-Platz - ℘ 263 003 46 - www.brot-und-butter.de - lun.-vend. 8h-20h, sam. 8h-18h.* Comme son jumeau Manufactum (consacré à la déco), cette boulangerie-épicerie fine « à l'ancienne » propose pains au levain, gâteaux, produits rétro et coin-café avec spécialités de tartines.

Puces

27 Trödelmarkt an der Straße-des-17-Juni – *C4 - Str. des 17 Juni -* S *Tiergarten - ℘ 26 55 00 96 - www.berlinertroedelmarkt.com - sam.-dim. 10h-17h.* Juste à la sortie de la station de S-Bahn Tiergarten, un des plus grands marchés aux puces de la ville. Argenterie, porcelaines, vinyles... On n'y déniche plus d'aubaines, mais la flânerie entre les étals reste agréable.

KURFÜRSTENDAMM

Plan détachable

Grand magasin

28 KaDeWe – *C6 - Tauentzienstr. 21-24 - Wittenbergplatz -* U *Wittenbergplatz - ℘ 21 21 0 - www.kadewe.de - lun.-jeu. 10h-20h, vend. 10h-21h, sam. 9h30-20h.* Une vraie institution à Berlin. Ne pas manquer le sixième étage dédié aux gourmets et son incroyable sélection.

37 Bikini Berlin – *C5 - Budapester Straße 42-50 -* U *Kurfürstendamm ou* S+U *Zoologischer Garten - ℘ 55 49 64 54 - www.bikiniberlin.de - lun.-sam. 10h-20h.* Une galerie marchande qui sort des sentiers battus en faisant la part belle aux jeunes créateurs. À ne pas manquer : les vélos Egomovement, la mode pimpante de Blutsgeschwister et la boutique LNFA qui réunit cent stylistes, berlinois pour beaucoup d'entre eux.

Mode

29 Chelsea Farmer's Club – *B5 - Schlüterstr. 50 -* S *Savigny Platz - ℘ 88727474 - www.chelseafarmersclub.de - lun.-vend. 11h-19h, sam. 11h-18h.* Boutique pour hommes qui propose des vêtements aussi élégants qu'inspirés, dans un style dandy *so british*.

Déco

30 Stilwerk – *C5 - Kantstr. 17 -* U *Uhlandstraße - ℘ 31 51 50 - www.stilwerk.de - lun.-sam. 10h-19h.* Sur plusieurs étages, un choix de beaux meubles et accessoires créés par les meilleurs designers contemporains. Mérite le coup d'œil.

Concept store

38 Andreas Murkudis – *E6 - Potsdamer Str. 81E -* U *Bülowstraße, Kurfürstenstraße - ℘ 680 798 306 - tlj sf dim. 10h-20h.* Installé dans l'ancien bâtiment du *Tagesspiegel*, ce concept store propose vêtements (hommes et femmes), sacs, porcelaine, meubles, maquillage... L'espace est magnifique et chaque objet participe au décor.

NOS ADRESSES

Sortir

Pour profiter de la spectaculaire vitalité nocturne de Berlin, ne manquez pas les quartiers de **Scheunenviertel** (cœur du Berlin réunifié).**Prenzlauer Berg** (rendez-vous des noctambules depuis la chute du Mur), **Friedrichshain** (le plus branché ces dernières années), **Charlottenburg** (autour de Savigny Platz), **Kreuzberg** (ancien fief du Berlin-Ouest noctambule), **Neukölln**, **Mitte** et **Wedding** (pour leurs happenings).
Berlin compte trois opéras, de grandes salles de spectacle, de multiples théâtres, diverses scènes alternatives et d'innombrables bars, clubs et salles de concerts, sans oublier les vieux cabarets, les revues et le théâtre de variétés…
www.hekticket.de – Billets à prix réduit le jour de la représentation à partir de 15h. Deux kiosques, l'un près d'Alexanderplatz *(Karl-Liebknecht Str. 12; pendant la durée des travaux : Alexanderstr. 1, 1ᵉʳ étage gauche ; lun.-vend. 12h-18h)*, l'autre près du Zoologischer Garten *(Hardenbergstr. 29d; lun.-jeu. 12h-20h, vend.-sam. 10h-20h, dim. 14h-18h) - ℰ 230 99 30.*
www.visitberlin.de – Agenda et réservation en ligne, ou dans les « Berlin Tourist Info ». ♿ *p. 141.*
www.indexberlin.de – L'agenda incontournable des vernissages.
Presse spécialisée – Consultez les magazines culturels *Zitty* et *Tip*.
Flyers – Beaucoup d'événements – soirées techno, soul ou électro, concerts en plein air, etc. – sont annoncées ici par flyers, que vous trouverez dans les cafés et boutiques de Kreuzberg, Friedrichshain, Scheunenviertel ou Neukölln.

UNTER DEN LINDEN

Plan de quartier p. 26-27
❶ **Kunstfabrik Schlot** – *F2* - *Invalidenstr. 117* - Ⓤ *Naturkundemuseum* - ℰ *448 21 60 - www.kunstfabrik-schlot.de* Cette usine, où furent autrefois fabriquées les premières lampes à incandescence allemandes, est aujourd'hui dédiée au jazz. Également des spectacles de cabaret.
❷ **Distel** – *F3* - *Friedrichstr. 101 - près de la station Friedrichstraße* - Ⓤ *Friedrichstraße - ℰ 204 47 04 - www.distel-berlin.de - billetterie ouv. lun.-vend. 11h-18h, sam.-dim. et j. fériés 11h-17h et 2h avant le début du spectacle.* L'un des cabarets les plus sarcastiques et les plus drôles de Berlin ! En ligne de mire : les hommes politiques. Tarifs : entre 15 et 35 €.

SCHEUNENVIERTEL

Plan de quartier p. 38-39
❸ **Clärchen's Ballhaus** – *G3* - *Auguststr. 24* - Ⓤ *Weinmeisterstraße* - ℰ *282 92 95 - www.ballhaus.de - tlj à partir de 11h.* Dans une salle de bal qui semble être restée figée dans les années 1950, on danse sur de vieux classiques et des tubes d'aujourd'hui.
❹ **Bassy Club** – *G2* - *Schönhauser Allee 176a -*

SORTIR

Prenzlauer Berg, karaoké du dimanche au Mauerpark.

🅄 Senefelderplatz - ☏ 374 48 020 - http://bassyclub.com - à partir de 21h. Temple berlinois du rock'n'roll, où l'on n'écoute que de la musique d'avant 1969. Bondé et chaleureux, ce dancing accueille aussi des concerts live en début de soirée *(certains jours de la semaine)*.

PRENZLAUER BERG

Plan de quartier p. 38-39

❺ **Kulturbrauerei** – *H1* - *Knaackstr. 97* - 🅄 *Eberswalder Straße* - ☏ *443 526 14 - www.kulturbrauerei. de.* Ancienne brasserie 19ᵉ s., avec lieux de restauration, cinéma multiplex, boîtes de nuit, salles de concerts, galeries, centres dramatiques et boutiques. À noter : le Soda Club *(www.soda-berlin.de)* et ses soirées salsa du jeudi, ou l'Alte Kantine *(www.alte-kantine. de)*, haut lieu de la musique pop d'ex-RDA, le mercredi soir, avec entrée gratuite… pour les plus de 29 ans !

FRIEDRICHSHAIN

Plan détachable

❻ **Berghain et Panorama Bar** – *Hors plan* - *Am Wriezener Bahnhof* - 🅂 *Ostbahnhof* - ☏ *293 60 210 - www. berghain.de - vend.-dim. à partir de 0h.* Le Saint-Graal des clubbers du monde entier est installé dans une ancienne centrale électrique. Il faudra vous armer de patience pour y entrer,

NOS ADRESSES

la queue est souvent très longue, et la sélection sans appel à la porte.

7 Yaam – *H5* - *An der Schillingbrücke* - Ⓢ *Ostbahnhof* - ✆ *615 13 54* - *www.yaam.de* - *En sais. tlj à partir de 11h ; hors sais. mar.-dim. à partir de 15h.* Dans ce bout de Jamaïque au bord de la Spree, les pieds dans le sable, sur de la musique reggae, on boit, entre autres, de la bière parfumée au fruit de la passion.

8 Watergate – *Hors plan* - *Falckensteinstr. 49* - Ⓤ *Schlesisches Tor* - ✆ *612 80 394* - *www.water-gate. de* - *merc.-sam.23h45-12h.* Dans ce club électro, la piste de danse, posée au ras de la Spree, se couvre de reflets dorés au lever du soleil.

9 Cassiopeia – *Hors plan* - *Revaler Str. 99 Tor II* - Ⓤ *Warschauer Straße* - ✆ *473 85 949* - *http://cassiopeia-berlin.de* - *à partir de 19h ou 23h.* Immense friche industrielle aux murs recouverts de graffitis qui accueille concerts et sets DJ, avec bars en plein air et même un mur d'escalade.

10 Arena – *Hors plan* - *Eichenstr. 4* - Ⓢ *Treptower Park,* Ⓤ *Schlesisches Tor* - ✆ *533 20 30* - *www.arena.berlin* L'ancien dépôt central d'autobus (1927) accueille des concerts, certains en plein air. Le Badeschiff, une piscine flottante sur la Spree (ouverte de mai à sept.) ajoute à l'intérêt du lieu.

KREUZBERG

Plan de quartier p. 68-69

12 Monarch Club – *H6* - *Skalitzer Str. 134* - Ⓤ *Kottbusser Tor* - ✆ *61656003* - *www.kottimonarch.de* - *mar.-merc. 21h-3h, jeu.-sam. 21h-6h.* Ce minuscule club caché au 1er étage d'un immeuble de type HLM, avec vue imprenable sur le métro aérien, vaut le détour. Entrée par une petite porte en face du Döner Kebab.

13 Tresor – *H5* - *Köpenicker Str. 7 O* - Ⓤ *Heinrich Heine Straße* - ✆ *695 37 70 21* - *http://tresorberlin.com* - *merc.-dim. à partir de 0h.* Ce mythique club électro, fondé au début des années 1990 dans la salle des coffres d'un ancien grand magasin (d'où le nom « Tresor ») occupe aujourd'hui une usine... labyrinthique. À découvrir.

14 Ritter Butzke – *G5* - *Ritterstr. 26* - Ⓤ *Moritzplatz* - *www.ritterbutzke.de* - *jeu.-sam. à partir de 0h.* Ce club est installé dans une immense fabrique abandonnée en briques rouges. De nombreuses salles à la déco délirante, et un espace en plein air l'été.

15 Junction Bar – *F7* - *Gneisenaustr. 18* - Ⓤ *Gneisenaustraße* - ✆ *694 66 02* - *www.junction-bar.de* - *concerts merc.-jeu. à partir de 21h et vend.-sam. à partir de 22h.* Bar célèbre de Kreuzberg où la soirée commence vers 21h-22h avec de la musique live (rock, jazz, soul, funk, etc.) ; les DJ passent ensuite de la house, du funk et de la soul jusqu'à l'aube.

17 White Trash Fast-food – *Hors plan* - *Am Flutgraben 2* - Ⓢ *Treptower Park* Ⓤ *Schlesisches Tor* - ✆ *503 48 668* - *www.whitetrashfastfood.com* - *tlj à partir de 12h.* Un restaurant à (délicieux) hamburger qui fait aussi salle de concert. La décoration relève du pub irlandais et du restaurant chinois. Kitsch, alternatif, bon enfant et plein d'humour, c'est un incontournable de la vie nocturne berlinoise !

TIERGARTEN

Plan détachable

㉔ **Tipi am Kanzleramt** – *E4* - *Große Queralle* - Ⓢ+Ⓤ *Hauptbahnhof* - 🚌 *100 (arrêt Platz der Republik)* - ✆ *39 06 65 50 - www.tipi-am-kanzleramt.de - déb. du spectacle : lun.-sam. 20h, dim. 19h - 12,50/34,50 €.* Sous le chapiteau situé près du Bundeskanzleramt se succèdent opérettes, variétés, vaudevilles... On y programme souvent *Cabaret*, la célébrissime comédie musicale qui évoque le Berlin des années 1930. Dîners-spectacles à 18h30 (29 € les 3 plats).

KURFÜRSTENDAMM

Plan détachable

⑱ **Wintergarten Varieté Berlin** – *E6* - *Potsdamer Str. 96* - Ⓤ *Bülowstraße, Kurfürstenstraße* - ✆ *58 84 33 - www.wintergarten-berlin.de* Ce théâtre propose un programme de divertissements qui change 4 à 5 fois par an, avec variétés, acrobaties et magie.

⑲ **A-Trane** – *B5* - *Bleibtreustr. 1* - Ⓢ *Savignyplatz* - ✆ *313 25 50 - www.a-trane.de - tlj à partir de 20h (concerts à 21h).* Le A-Trane est un excellent club de jazz, chic et décontracté à la fois. Des musiciens célèbres, tels que Herbie Hancock, Ray Brown, Wynton Marsalis, se sont produits ici. Le samedi, des musiciens font le bœuf jusqu'à l'aube.

⑳ **Bar Jeder Vernunft** – *C6* - *Schaperstr. 24* - Ⓤ *Kurfürstendamm ou Spichernstraße* - ✆ *883 15 82 - www.bar-jeder-vernunft.de - billetterie ouv. lun.-sam. 12h-18h30, dim. 15h-17h30.* Le temple du show, du cabaret et de la comédie musicale rappelle un peu le Berlin des années 1920 avec ses dîners glamour à 29 € (l'entrée et le plat principal sont servis avant le spectacle, le dessert à l'entracte). Une institution !

CHARLOTTENBURG

Plan détachable

㉑ **Deutsche Oper** – *B4* - *Bismarckstr. 35* - Ⓤ *Deutsche Oper* - ✆ *343 84 343 - www.deutscheoperberlin.de* C'est l'un des trois opéras de Berlin avec le Staatsoper et le Komische Oper. Il propose le grand répertoire d'opéras et de ballets et soutient également le répertoire contemporain.

㉒ **Quasimodo Berlin** – *C5* - *Kantstr. 12a* - Ⓢ + Ⓤ *Zoologischer Garten* - ✆ *318 045 60 - www.quasimodo.de - vend.-sam. à partir de 20h - fermé en juil.-août.* Un des meilleurs clubs de jazz de la ville.

La capitale gay de l'Europe

Dans le quartier de Schöneberg, métros Wittenbergplatz ou Nollendorfplatz, explorez les rues Fuggerstraße, Motzstraße, Ansbacher Straße, Eisenbacher Straße, Martin-Luther-Straße. Vous trouverez partout le magazine gratuit d'information, **Siegessäule**. *Aller à la plage du Wannsee, Strandbad Wannsee S-Bahn direction Potsdam jusqu'à Nikolassee. Et pour finir la discothèque Klubnacht Connection (㉓ - Fuggerstraße 33 - D6 - www.connectionclub.de).*

NOS ADRESSES

Se loger

Privilégiez les quartiers centraux (Mitte) et la proximité d'une station de U-Bahn (métro) ou de S-Bahn (l'équivalent du RER parisien). Les quartiers de Kreuzberg, Prenzlauer Berg et Friedrichshain sont conseillés à ceux qui aiment sortir.

Centrales de réservation

Berlin Tourismus Marketing GmbH – www.visitberlin.de. Réservation et informations (chambres en hôtels et pensions).
Hotel Reservation Service – www.hrs.de
Bed & Breakfast – www.bed-and-breakfast-berlin.de
Adresses de chambres et appartements d'hôte de toutes catégories, simples ou plus luxueuses. Prix de la chambre double avec salle de bains commune : à partir de 44 € ; 64 € avec salle de bains individuelle (minimum 2 nuits). Locations d'appartements (avec possibilité de ménage sur demande) : à partir de 52 € pour 2 pers. (minimum 3 nuits).
Old Town Apartments – www.ota-berlin.de. Un service de réservation d'appartements, pour des séjours de courte durée.
Couchsurfing – www.9flats.com. Plus de 1600 adresses de studios, lofts et appartements (dont 200 dans le quartier de Prenzlauer Berg) pour un hébergement à partir de 15 €.

Repérez les adresses sur le plan détachable grâce aux pastilles numérotées (ex. ❶).

*Les **coordonnées en rouge** font référence à ce même plan.*
Nos tarifs correspondent au prix minimum d'une chambre double en haute saison.

REICHSTAG

De 80 à 150 €

❻ **Arte Luise Kunsthotel** – *F3* - *Luisenstr. 19* - Ⓢ + Ⓤ *Friedrichstraße* - ℘ *28 44 80* - *www.luise-berlin. com* - 🅿 - *50 ch. 62/139 €* - ☕ *11 €*. L'ancien palais (1825) classé Monument historique est devenu un hôtel original, où des artistes ont apporté leur signature à chacune des chambres.

SCHEUNENVIERTEL

Moins de 80 €

❷⓿ **St Christopher's Berlin Hostel** – *G3* - *Rosa Luxemburg Str. 39 - 41* - Ⓤ *Rosa Luxemburg Platz* - ℘ *814 539 60* - *www.st-christophers. co.uk* - *dortoirs (4-16 lits) 30/36 €/pers.* ☕ *et ch. dble 98/118 €* ☕. Au cœur de Mitte, cette auberge de jeunesse de très bon standing propose quelques chambres doubles avec salle de bains incluse ou sur le palier.

De 80 à 150 €

❷❶ **Amano** – *G2* - *Auguststr. 43* - Ⓤ *Weinmeisterstraße* - ℘ *809 41 50* - *www.amanogroup.de* - 🅿 ♿ - *163 ch. 70/160 €* - ☕ *15 €*. Le blanc et

SE LOGER

marron des murs et du mobilier rappellent les teintes de Berlin-Est et se marient aux lignes dépouillées contemporaines. Résultat : un hôtel de style moderne-chic des plus recommandables.

ALEXANDERPLATZ

De 80 à 150 €

3 Alexander Plaza – *G3* - *Rosenstr. 1* - S + U *Alexanderplatz* - ℘ 24 00 10 - www.hotel-alexander-plaza.de - P ѣ - 92 ch. 125/145 €. Dans un ancien immeuble rénové, près de Hackescher Markt. Chambres modernes, quelques appartements avec coin cuisine.

23 Motel-One Berlin Mitte – *G3* - *Dircksenstr. 36* - S + U *Alexanderplatz* - ℘ 200 54 080 - www.motel-one.com - P 15 €/24h - ѣ - 207 ch. 88,20/118,20 € ⌑. Cet hôtel ultra-fonctionnel, très propre et stratégiquement situé près de « l'Alex », décline les couleurs blanches et bleues au fil de ses 200 chambres. Pour les fans de design minimaliste.

PRENZLAUER BERG

Moins de 80 €

22 Pfefferbett Hostel – *G2* -*Christinenstr. 18-19* - U *Senefelderplatz* - ℘ 93 93 58 58 - www.pfefferbett.de - P ѣ - 14 ch. 69/95 € et dortoirs 14/35 €/pers. - ⌑ 5,99/6,70 €. Cette auberge de jeunesse récente occupe un ancien bâtiment industriel vieux de 150 ans. Les ajouts modernes complètent parfaitement les vieilles briques. Un sérieux concurrent pour les hôtels les plus design !

De 80 à 150 €

1 Adele – *H2* - *Greifswalder Str. 227* - S + Tram *Am Friedrichshain* - ℘ 44 32 43 10 - www.adele-berlin.de - 16 ch. 109/119 € - ⌑ 13,50 €. Petit hôtel proche du Volkspark Friedrichshain, belles chambres bien équipées, de style Art déco.

11 Hotel Jurine – *G2* - *Schwedter Str. 15* - U *Senefelderplatz* - ℘ 443 29 90 - www.hotel-jurine.de - P ѣ - 53 ch. 89/111 € - ⌑ 9 €. Adresse familiale au pied du Prenzlauer Berg. Le jardin de l'hôtel dispose d'une belle terrasse.

Hôtel Arte Luise.

NOS ADRESSES

FRIEDRICHSHAIN

Moins de 80 €

Das Andere Haus VIII – *Hors plan* - Erich - Müller Str. 12 - Ⓢ *Rummelsburg* - ☏ 554 403 31 - www.dasanderehaus8.de - 5 ch. 75 € ☕. Une expérience unique : passer la nuit dans une ancienne prison de l'ex-RDA. L'ancien bâtiment de 1879 a été restauré dans un style chaleureux où seul l'aspect brut des matières (bois, brique) rappelle ce à quoi il servait originellement.

Ostel Hostel – *Hors plan* - Wriezener Karree 5 - Ⓢ *Ostbahnhof* - ☏ 257 686 60 - www.ostel.eu - 55 ch. à partir de 39 €. Cet hôtel « ostalgique » est une invitation à un voyage dans le temps, avec ses chambres décorées à la mode de la RDA des années 1970-1980. Petits prix (à partir de 39 €).

Hotel Pension Lohwasser Berlin – *Hors plan* - Kreutziger Str. 20 - Ⓤ *Samariterstraße* - ☏ 01 76 25 33 17 45 - www.lohwasser-berlin.de - ♿ - 6 ch. 60/70 € et 1 dortoir 25/26 €/pers. Dans la partie animée de Friedrichshain, un hôtel où l'on se sent « comme à la maison ». Salon et cuisine communs facilitent la rencontre entre les résidents.

De 150 à 200 €

Michelberger – *Hors plan* - Warschauer Str. 39 - 4 0 - Ⓤ *Warschauer Straße* - ☏ 297 785 90 - http://michelbergerhotel.com/de - 🅿 15 €/nuit - ♿ -112 ch. à partir de 150 € - ☕ 16 €. Une trentaine d'amis ont mis leurs talents en commun pour transformer cette ancienne usine en un hôtel très atypique. Déco délirante et sobre à la fois.

KREUZBERG

Moins de 80 €

⓬ Hotel Transit – *F7* - Hagelberger Str. 53-54 - Ⓤ *Mehringdamm, Platz der Luftbrücke* - ☏ 789 04 70 - www.hotel-transit.de - 🅿 10 €/nuit - ♿ - 50 ch. à partir de 59 € ☕ et 4 dortoirs à partir de 21 €/pers. ☕. Dans une ancienne manufacture de tabac, chambres modestes, toutes avec douche, appréciées des petits budgets (21 € la formule *room sharing*).

㉗ Comebackpackers Hostel – *H6* - Adalbertstr. 97 - Ⓤ *Kottbusser Tor* - ☏ 600 575 27 - www.comebackpackers.com - 8 dortoirs 15/25 €/pers. Auberge de jeunesse au charme typiquement berlinois, nichée dans un immeuble HLM, avec une grande terrasse aménagée offrant une vue imprenable sur la Kottbusser Tor, centre névralgique de Kreuzberg. Prix mini.

NEUKÖLLN

Moins de 80 €

㉙ Hüttenpalast – *H7* - Hobrechtstr. 66 - Ⓤ *Hermannplatz* - ☏ 373 058 06 - www.huettenpalast.de - ♿ - 18 ch. à partir de 69 € ☕. Hôtel au charme fou, où l'on peut dormir dans des caravanes (à partir de 69 €) et des cabanes transformées en chambres confortables à la déco design.

SE LOGER

POTSDAMER PLATZ

De 80 à 150 €
35 Motel One Leipziger Platz – **F5** - Leipziger Platz 12 - **U** ou **S** Potsdamer Platz - ☏ 206 70 780 - www.motel-one.com - 239 ch. 70/100 €. L'ancien grand magasin Wertheim, transformé en hôtel ultra-fonctionnel, offre le meilleur rapport dans le quartier de la Potsdamer Platz. Le petit-déjeuner avec vue sur le Bundesrat est appétissant et les transports en commun sont à portée de main. À partir de 79 €.

TIERGARTEN

De 80 à 150 €
2 Hotel Adrema – **C3** - Gotzkowskystr. 20-21 - **U** Turmstraße - ☏ 74 78 20 100 - www.hotel-adrema.de - 🅿 ♿ - 130 ch. 80/128 € - 🛏 15,90 €. Près du Tiergarten, un hôtel moderne et fonctionnel, avec déco design, centre de remise en forme et vue sur la Spree.

KURFÜRSTENDAMM

De 80 à 150 €
5 Hotel Art Nouveau – **B5** - Leibnizstr. 59 - **U** Adenauerplatz - ☏ 327 74 40 - www.hotelartnouveau.de - 🅿 - 22 ch. 96/176 € - 🛏 9 €. Charmant petit hôtel perché au 4e étage, atteint grâce à l'ascenseur d'époque (1906 !). Chambres avec meubles anciens et plancher en bois.

10 Hollywood Media Hotel – **B6** - Kurfürstendamm 202 - Tram Uhlandstraße - ☏ 88 91 00 - www.filmhotel.de - ♿ - 182 ch. 115/137 € 🛏. Hôtel rénové dédié au monde du cinéma, de par ses tableaux et autres accessoires. L'établissement abrite un petit cinéma maison (99 places).

34 Pension Funk – **C6** - Fasanenstr. 69 - **U** Kurfürstendamm ou Uhlandstraße - ☏ 8827193 - www.hotel-pensionfunk.de - ♿ - 14 ch. 89 € (WC et sdb sur le palier)/129 € 🛏. C'était, dans les années 1930, le pied-à-terre berlinois d'une diva du cinéma muet danois. Papiers peints fleuris et mobilier d'époque.

De 150 à 200 €
12 Q ! – **B5** - Knesebeckstr. 67 - Tram Uhlandstraße - ☏ 810 06 60 - www.hotel-q.com - 77 ch. à partir de 105 € - 🛏 20 €. L'atout de cet hôtel : le design. Chambres tout confort, mêlant tons sombres et clairs, dans le style minimaliste contemporain.

POTSDAM

De 80 à 150 €
Am Großen Waisenhaus – Lindenstr. 28/29 - à 12mn à pied de la gare - ☏ 0331 60 10 780 - www.hotelwaisenhaus.de - 80/110 €. 34 ch. spacieuses et tout confort pour dormir comme un loir dans le centre historique de Potsdam. Le long bâtiment – une caserne, à l'origine (architecte Jan Boumann, 1753) – servit longtemps d'hôpital aux orphelins. Le petit-déjeuner (inclus) est renversant !

Berlin pratique

Préparez votre voyage

Formalités d'entrée **140**
Aller en avion, Aller en train, Argent **140**
Saisons et climat, Pour en savoir plus **141**

Votre séjour de A à Z

Ambassades, Banques, Décalage horaire **142**
Électricité, Horaires **142**
Internet, Jours fériés, Poste **143**
Pourboire, Presse, Restauration **143**
Tabac, Taxi, Téléphone **144**
Transports en commun **145**
Vélo **146**
Vélotaxi, Visite, Visites guidées **147**

Agenda culturel

Rendez-vous annuels **149**
Biennales **151**
Autres événements **151**

Hauptbahnhof.
M. Bertin/Michelin

BERLIN PRATIQUE

Préparez votre voyage

FORMALITÉS D'ENTRÉE

Pièce d'identité obligatoire – Carte d'identité ou passeport en cours de validité.
Visa – Les ressortissants français, ceux de l´Union européenne et les Suisses n'en ont pas besoin.
Douane – En vertu de l'accord de Schengen, aucun contrôle n'est effectué lors du passage de la frontière avec l'un des États de l'Union européenne. Si vous arrivez d'un pays ne faisant pas partie de l'Union européenne, vous devez passer la douane et déclarer les marchandises que vous apportez.

ALLER EN AVION

En attendant l'ouverture, prévue en 2017, du nouvel **aéroport international Berlin Brandenburg Willy Brandt (BER)**, situé juste à côté de Schönefeld, la ville dispose actuellement de deux aéroports : **Tegel (TXL)**, à l'intérieur de la ville, et **Schönefeld (SXF)**, à l'extérieur. Renseignements sur les aéroports au ℘ (030) 60 91 11 50 - www.berlin-airport.de (en anglais et allemand uniquement). ♿ *« Arriver à Berlin » p. 3.*

Les compagnies régulières
Air France – 5 vols/j. depuis Paris-Charles de Gaulle (Roissy). ℘ 36 54 - www.airfrance.fr
En Belgique : ℘ (070) 22 24 66
En Suisse : ℘ (084) 874 71 00
À Berlin : ℘ (49) 69 29 99 37 72
Lufthansa – 5/6 vols/j. depuis Paris. ℘ 0 892 231 690 - www.lufthansa.com
À Berlin : ℘ (49) 69 86 799 799

Les compagnies low-cost
EasyJet – 3 vols/j. entre Paris-Orly et Berlin-Schönefeld ; plus nombreux en période estivale - www.easyjet.com
Brussels Airlines – Vols depuis Bruxelles-National - www.brusselsairlines.com

ALLER EN TRAIN

Si vous choisissez le train, nous vous conseillons de prendre un train de jour (ICE) qui fait Paris-Berlin en 8h19 avec un court changement. Le 13h09 de Paris-Est par exemple permet d'arriver à Berlin à 21h28.
SNCF – ℘ 35 65 - www.voyages-sncf.com
Deutsche Bahn (DB) – www.dbfrance.fr (propose certains services et prix exclusifs).
Captain Train : site Internet spécialisé dans la vente de billets de train. Ses partenariats avec la SNCF et la Deutsche Bahn permettent d'acheter des billets pour tout déplacement à l'intérieur de l'Allemagne.

ARGENT

La devise est l'**euro**.
Cartes de crédit acceptées – Visa et Eurocard sont les plus répandues

à Berlin. Attention, les restaurants, cafés et bars préfèrent très souvent être payés en espèces. Mieux vaut donc avoir toujours de la monnaie sur soi. À noter : il est parfois difficile de trouver un distributeur automatique dans certains quartiers de l'est de la ville.

☼ *Perte de cartes : voir l'encadré « Pas de panique ! » p. 142.*

SAISONS ET CLIMAT

Été – Températures moyennes : 22 à 23 °C, avec des pointes à plus de 30 °C.
Hiver – Moyennes de 2-3 °C, avec des périodes de grand froid (neige et glace).
Vent – Froid pouvant être très vif et piquant en **hiver** ; en revanche il assure un peu de fraîcheur au cœur de l'**été**.
Précipitations – Régulièrement réparties sur l'année, elles sont bien inférieures à ce que l'on constate à Paris, Bruxelles ou Genève.
Palmarès des saisons – Les meilleurs mois de l'année courent de **mai à septembre**, au moment où la ville est la plus verte et les rues les plus animées.
La période s'étirant **de l'Avent** (précédant Noël) **au Nouvel An**, malgré le froid, vaut aussi le voyage : le spectacle des rues enneigées et des enfants rentrant de l'école en luge, l'atmosphère conviviale des marchés de Noël (celui du Gendarmenmarkt est l'un des plus beaux) et le plaisir qu'il y a à profiter d'une pause réconfortante dans un café autour d'un « latte macchiato », ou d'un revigorant « Glühwein » (vin chaud aux épices), concourent à la magie berlinoise de cette époque de l'année.

POUR EN SAVOIR PLUS

www.visitberlin.de – Site de l'office du tourisme de Berlin, en allemand et anglais (version en français plus « light »). L'office de tourisme dispose d'un centre d'appels (personnel polyglotte : ☎ 00 49 (0) 30 25 00 23 33) et de plusieurs kiosques répartis à travers la ville, dits « **Berlin Tourist Info** » :
Flughafen Tegel GmbH – Aéroport de Tegel, terminal A, porte 1 - 8h-21h.
Flughafen Schönefeld – Aéroport de Schönefeld, terminal A, Hall principal, rez-de-chaussée, à droite - 8h-20h.
Hauptbahnhof – Rez-de-chaussée - entrée Europa Platz 1 - 8h-22h.
Europa Center – Tauentzienstr. 9, rdc - lun.-sam. 10h-20h.
Porte de Brandebourg – Pariser Platz - aile sud - 10h-18h.
Fernsehturm (tour de la Télévision) - Panoramastraße 1a - [U] 2, 5, 8 Alexanderplatz) - 10h-16h (jusqu'à 18h d'avr. à oct.)
www.germany.travel/fr – Site de l'office national allemand du tourisme en France (fermé au public, envoi d'informations ou brochures par courrier, pour ceux qui ne parlent que français. Autre option, par téléphone : ☎ 01 40 20 01 88.

BERLIN PRATIQUE

Votre séjour de A à Z

AMBASSADES

Ambassade de France – Pariser Platz 5 - 10117 Berlin - ℘ (030) 590 03 90 00 - www.ambafrance-de.org
Ambassade de Belgique – Jägerstr. 52-53 - 10117 Berlin - ℘ (030) 20 64 20 - www.diplomatie.be/berlinfr
Ambassade de Suisse – Otto-von-Bismarck-Allee 4a - 10557 Berlin - ℘ (030) 390 40 00 - www.eda.admin.ch/berlin

BANQUES

Toutes les grandes banques sont représentées par plusieurs agences dans la capitale.
ℹ aussi « Horaires » ci-contre.

DÉCALAGE HORAIRE

Vu de Paris, Bruxelles et Genève, il n'y en a pas ! L'heure en vigueur à Berlin est celle de l'Europe centrale, soit GMT + 1 (et GMT + 2 entre avril et octobre).

> *Pas de panique !*
> *Appel d'urgence européen* – ℘ *112*
> *Urgences médicales* – ℘ *31 00 31*
> *Permanence dentaire* – ℘ *89 00 43 33*
> *Antipoison* – ℘ *192 40*
> *Objets trouvés* – ℘ *902 77 31 01*
> *Perte de cartes bancaires* – *Tous types de cartes :* ℘ *116 116 ;*
> *Amex :* ℘ *0800 185 3100 ;*
> *Eurocard et Visa :* ℘ *0800 811 8440 ;*
> *Master Card :* ℘ *0800 819 1040.*

ÉLECTRICITÉ

Le voltage du secteur est de 220 volts comme partout en Europe continentale.

HORAIRES

Magasins – Le plus courant : lun.-sam. 10h-20h. Beaucoup de petits magasins ferment dès 16h le samedi. Certains centres commerciaux, en revanche, ouvrent jusqu'à 21h, voire 22h. La loi autorise les boutiques à ouvrir quatre dimanches par an (les dates varient selon les années), et, en décembre, tous les dimanches de l'Avent.
ℹ « Nos adresses/Shopping » p. 124.
Banques – Dans le centre-ville, les agences sont ouvertes en semaine jusqu'à 18h. Certaines banques ferment plus tôt le mercredi et le vendredi.
Pharmacies – Elles sont signalées par un A majuscule rouge en caractère gothique pour *Apotheke*. Les jours de fermeture, sur la vitrine, sont affichés les noms des médecins et de la pharmacie de garde. Leurs horaires sont similaires à ceux des magasins.
Poste – lun.-sam. 8h/9h-18h/19h, sam. jusqu'à 13h.
Bureaux de poste aux horaires particuliers – Joachimstaler Str. 41 (près de la gare Zoologischer Garten) - lun.-sam. 10h-19h ; Georgenstr. 14-18 (gare Friedrichstraße) - lun.-vend. 6h-22h, sam.-dim. 8h-22h.

INTERNET

www.hotspot-locations.com – Liste des lieux berlinois équipés d'une connection wifi gratuite, pour surfer avec votre ordinateur portable personnel. Un exemple : le Sony Center, à Potsdamer Platz.

Cafés Internet – Nombreux dans tous les quartiers (renseignez-vous auprès des habitants). La plupart des hôtels, auberges de jeunesse et cafés sont aussi équipés de connections wifi (les Allemands utilisent l'abréviation « WLAN », pour Wireless Local Area Network. Prononcer « vélan' »).

JOURS FÉRIÉS

Nouvel An (1er janvier) ; Vendredi saint ; Pâques (dimanche et lundi de Pâques) ; Fête du Travail (1er Mai) ; Ascension ; Pentecôte (dimanche et lundi de Pentecôte) ; Fête nationale (3 octobre) ; Jour de la Réforme (31 octobre, uniquement dans le Land de Brandebourg) ; Noël (25 et 26 décembre).

POSTE

Comme en France, le jaune est la couleur de la poste.
Tarif : 0,90 € la carte postale ou la lettre standard (jusqu'à 20 g) à destination de la France et de la zone Europe.
➜ « Horaires » p. 142.

POURBOIRE

Dans les restaurants et les bars, il est habituel d'arrondir la note et de laisser un pourboire de 5 à 10 %. On donne le pourboire directement au serveur, le laisser sur la table étant considéré comme impoli. Il est de coutume d'annoncer le prix que l'on veut payer, pourboire inclus, au moment où le serveur apporte l'addition. En taxi, il est aussi d'usage d'arrondir.

PRESSE

Quotidiens – Les principaux journaux berlinois sont le *Der Tagesspiegel* (www.tagesspiegel.de), le *Berliner Zeitung* (www.berliner-zeitung.de) et le *Berliner Tageszeitung* (www.berlinertageszeitung.de). Un agenda des événements culturels est publié une fois par semaine.

Magazines urbains – Les magazines *Zitty* (www.zitty.de) et *Tip* (www.berlinonline.de), qui paraissent tous les 15 jours, répertorient les événements culturels.

RESTAURATION

Les restaurants allemands suivent à peu près les mêmes règles qu'en France. Deux exceptions : on ne sert pas d'eau en carafe (uniquement de l'eau minérale en bouteille) ; le pain, généralement posé à table sans supplément, peut être payant dans les tavernes traditionnelles (les pommes de terre sont censées faire office de pain). Depuis que Berlin est capitale de l'Allemagne, le paysage culinaire berlinois s'est largement diversifié. De plus en plus de restaurants de qualité se sont installés, de telle sorte que Berlin rivalise aujourd'hui avec la quasi-totalité des autres capitales en matière de gastronomie.
Il existe, par ailleurs, des restaurants et des cafés de cuisine traditionnelle

berlinoise. Les **Kneipe**, ces bars typiques de la ville qui proposent souvent une carte de plats basiques et bons marchés, sont très nombreux. Les plats servis sont généralement riches et consistants, et les portions copieuses, dans des cadres eux aussi préservés et parfois délicieusement kitsch.

On trouve des **Imbiss** (snack, stand, kiosque) à la plupart des coins de rue, où l'on peut manger à toute heure des saucisses au curry et des frites (*Currywurst und Pommes*), mais aussi des plats étrangers, tels que les *Döner Kebab*, les fameux pains turcs garnis de viande de mouton grillée et de légumes, ou les hamburgers. Dans un grand nombre de restaurants, vous pourrez manger à la carte pour 10 à 15 €. Dans les restaurants gastronomiques, compter 60 à 70 € le menu.

ċ *« Pourboire » p. 143 et « Nos adresses/Se restaurer » p. 110.*

TABAC

Depuis 2008, à Berlin, il est interdit de fumer dans les restaurants et les discothèques, ainsi que dans les hôpitaux, musées, cinémas, aéroports et bâtiments administratifs. Dans la restauration, les établissements qui en ont la possibilité peuvent réserver une salle aux fumeurs. Il est par contre autorisé de fumer dans de nombreux bars.

TAXI

De couleur crème, ils sont nombreux (plus de 7 000). Vous en trouverez facilement dans la rue, il suffit de les héler d'un simple signe de main. Vous pouvez aussi les appeler (voir les numéros ci-dessous) ou aller à la **station** la plus proche (signalée par un poteau jaune surmonté d'une borne lumineuse affichant le mot « taxi »). La prise en charge est de 3,90 €. Jusqu'à 7 km, le kilomètre coûte 2 €, 1,50 € au-delà. Chaque minute d'attente est facturée 50 cents. Pour les trajets de 2 km maximum, après consultation du chauffeur de taxi, un tarif forfaitaire appelé *Kurzstrecke* (« trajet court ») est appliqué (5 €). Notez qu'il n'est pas valable si vous avez réservé votre taxi au préalable ou si vous l'avez appelé d'une station. Quelques compagnies :
Taxi-Ruf Würfelfunk – ✆ 21 01 01
Taxifunk Berlin GmbH – ✆ 44 33 22
Quality Taxi – ✆ 26 30 00
Funk Taxi Berlin – ✆ 26 10 26
ċ *« Arriver à Berlin » p. 3.*

TÉLÉPHONE

Appels internationaux
Pour appeler Berlin depuis l'étranger : 00 49 + préfixe de Berlin 030 sans le 0 + numéro du correspondant.
Pour appeler en France depuis Berlin 00 33 + le numéro du correspondant sans le 0. Indicatifs pour la Suisse : 00 41 ; pour la Belgique : 00 32.

De Berlin à Berlin
Vous composez uniquement le numéro de votre correspondant berlinois (4 à 10 chiffres), sans vous préoccuper du préfixe de Berlin (030) Pour appeler Potsdam depuis Berlin, composez d'abord le 0331.

Cabines

Elles fonctionnent avec des cartes, à acheter chez les vendeurs de journaux, dans les bureaux de change Reisebank, les offices de tourisme (« Berlin Tourist Info », &c. *p. 141*), ou les boutiques de téléphonie. Chaque marque présente sa particularité, à vous de choisir la plus avantageuse en fonction de vos besoins (appels vers l'Europe, les États-Unis, appels locaux uniquement, etc.)

Téléphones portables

L'Allemagne utilise la technologie GSM, ce qui signifie que les Européens peuvent utiliser leur propre téléphone. Il faut vérifier que votre appareil est bien débloqué (auprès de votre opérateur). Ensuite, deux options : soit vous achetez une carte SIM locale pour bénéficier d'un numéro allemand ; soit vous conservez votre abonnement actuel et vous payez le tarif international appliqué par votre opérateur.

TRANSPORTS EN COMMUN

&c. *« Arriver à Berlin » p. 3 et plan des transports au dos du plan détachable.*
L'agglomération berlinoise est très étendue, mais il est relativement aisé de passer d'un quartier à l'autre, grâce à un réseau de transports en commun dense et efficace, desservant 24h/24 tous les arrondissements.
Le métro **(U-Bahn)**, signalé par un « U » blanc sur fond bleu, compte 10 lignes permettant de se déplacer rapidement et qui circulent entre 4h et 1h.
La **S-Bahn** (train de banlieue) est signalée par un « S » blanc sur fond vert ; elle comporte 15 lignes.

Renseignements

Les tramways, bus et métros sont regroupés au sein de la **BVG**, la régie des transports urbains de Berlin **(Berliner Verkehrsbetriebe)**. La S-Bahn est gérée par le **VBB (Verkehrsverbund Berlin-Brandenburg)**, responsable de tous **les transports de la région de Brandebourg**.
BVG – ☏ 19 44 9 - www.bvg.de
VBB – ☏ 25 41 41 41 - www.vbb.de
S-Bahn – ☏ 29 74 33 33 - www.s-bahn-berlin.de
Renseignements aussi au BVG-Pavillon, devant la gare Zoologischer Garten (lun.-vend. 6h30-21h30 ; w.-end 10h-17h30) et dans de nombreuses stations de métro et de S-Bahn.

Tickets

Pour les trajets effectués au sein de l'agglomération, quel que soit le moyen de transport utilisé, **un seul et même ticket** est requis (zone AB).
Achat des tickets – Il se fait aux distributeurs automatiques des stations de S-Bahn et U-Bahn (prévoir l'appoint), auprès des conducteurs de bus, dans de nombreux kiosques et chez les marchands de journaux, signalés par une enseigne « BVG ». Tous les tickets, excepté ceux achetés auprès des chauffeurs de bus, doivent être **compostés** avant le début du voyage (petites bornes à côté des distributeurs). Attention, les contrôles sont fréquents !

Tarifs

Trajet unique *(Einzelfahrschein)* – 2,70 € (zone AB) - valable pendant 2h avec correspondances, dans le même sens.

BERLIN PRATIQUE

Trajet court (Kurzstrecke) – 1,70 € - valable pour 3 stations de métro/S-Bahn ou 6 stations de bus/tramway.
Carte 4 voyages (4-Fahrten-Karte) – 9 €.
Carte journalière (Tageskarte) – 7 € (zone AB) - valable à partir de l'oblitération et jusqu'au lendemain 3h du matin.
Carte hebdomadaire (7-Tage-Karte) – 28,80 € (zone AB).
Carte « petits groupes » (Kleingruppen-Tageskarte) – 17,30 € (zone AB)- valable pour 5 pers. pendant 1 j.
WelcomeCard – ☏ 25 00 25 - www.visitberlin.de/fr/welcomecard - 19,50 € pour 48h et 27,50 € pour 72h (zones AB). Elle sert de billet illimité dans tous les transports publics berlinois et permet de bénéficier de menues réductions (25 % en général) sur plusieurs visites guidées, une vingtaine d'attractions, une trentaine de théâtres ou cabarets et dans 35 musées (mais pas ceux de la Museumsinsel). Points de vente : Berlin Tourist Info, aéroports, certains hôtels, distributeurs de tickets de transports en commun.

Transports nocturnes
Les très nombreux bus et tramways de nuit circulent régulièrement en semaine entre 0h30 et 4h30. Toutes les lignes de métro (sauf U4 et U55) et certaines lignes de S-Bahn circulent régulièrement durant les nuits de vendredi à dimanche. Il n'y a pas de tarification spéciale pour l'utilisation des transports nocturnes : tous les billets sont donc valables.

Travaux
En cas de travaux, des navettes et un trafic ferroviaire de remplacement sont mis en place.

VÉLO

La bicyclette est une véritable « petite reine » à Berlin et nous ne saurions que vous conseiller d'adopter ce mode de déplacement pour découvrir la ville, peut-être la manière la plus rapide et la plus plaisante de se déplacer pour le week-end. L'absence de montées difficiles, la qualité et la densité des pistes cyclables plaident pour ce moyen de locomotion. Les nombreux espaces verts et forêts invitent également à des balades en deux-roues.

« Call a Bike », le « Vélib' » à la berlinoise
Berlin aussi a son « Vélib' » : un vélo rouge et argent, disponible aux grands carrefours et dans les principales gares de la S-Bahn, car les « Call a Bike » – il y en a près de 2 000 – appartiennent à la Deutsche Bahn (Société nationale des chemins de fer). Au moment de l'inscription, un montant de base fixé à 3 € pour l'année sera prélevé sur votre compte bancaire. L'utilisation d'un « Call a Bike » vous coûtera 1 € la demi-heure (tarif maximum à la journée : 15 €). Âge minimum requis : 18 ans. Renseignements et inscription au ☏ 069 42 72 77 22 ou sur www.callabike-interaktiv.de

Adresses de location de vélos
Elles sont principalement situées à Mitte, Kreuzberg et Charlottenburg : Bergmannstr. 9 à Kreuzberg et Auguststr. 29a à Mitte - lun.-vend. 10h-19h30, sam. 10h-18h.
Également dans la gare de Friedrichstr. (entrée Dorotheenstr.

VOTRE SÉJOUR DE A À Z

30) : 10h-19h30, sam. 10h-18h, dim. 10h-16h - ℘ 0180 510 8000 - www.fahrradstation.com

Le long du Mur
La piste cyclable du Mur de Berlin de 160 km de long surplombe en grande partie les anciens « Kolonnenwege ». Elle reprend le trajet emprunté par les patrouilles de soldats de l'ex-RDA pour surveiller les abords et acheminer les camions de ravitaillement. L'Allgemeiner Deutscher Fahrrad-Club (Club allemand du vélo) publie un plan détaillé du parcours, le « Mauer Radweg ».
ADFC – Landesverband Berlin - Brunnenstr. 28 - 10119 Berlin - ℘ (030) 448 47 24 - www.adfc-berlin.de

Prudence !
Les larges trottoirs berlinois sont utilisés comme pistes cyclables. Piétons, tenez compte du marquage au sol qui délimite l'espace vélo.

VÉLOTAXI

D'avril à octobre, des vélotaxis, semblables à des cyclo-pousses, parcourent Berlin de 13h à 20h sur 4 lignes de taxi. Le premier kilomètre coûte 7 €, les suivants 5 €. Ils peuvent transporter deux passagers. ℘ 01 78 80 000 41 ou (030) 28 03 16 09 - www.velotaxi.de

VISITE

Museumspass – Vendue 24 € dans les Berlin Tourist Info (& p. 141) et en ligne (shop.visitberlin.de), cette carte donne un accès libre et prioritaire aux collections permanentes de 50 musées berlinois (y compris celles de l'île des Musées) pendant 3 jours consécutifs. Attention : elle n'est pas valable dans les transports publics.
WelcomeCard Museumsinsel – Vendue 42 € dans les Berlin Tourist Info (& p. 141) et les distributeurs de tickets de métro, cette carte, valable 3 jours, donne accès aux transports publics berlinois et aux collections permanentes de l'île des Musées. Elle permet, en outre, comme la **WelcomeCard** (& ci-contre), d'obtenir un tarif réduit (25 %) dans 35 autres musées. Attention : pour l'amortir, il faut l'utiliser à haute dose. www.visitberlin.de/fr/welcomecard

VISITES GUIDÉES

À pied
Offices de tourisme – Balades citadines, classiques ou thématiques. Renseignements dans les « Berlin Tourist Info » (& p. 141).

Ciao- berlin ! – ℘ 172 320 50 43 - www.ciao-berlin.de - 50 € /h. Stefano Gualdi, historien de l'art, vit à Berlin depuis 2001. Avec une équipe de guides professionnels, il organise des visites en français, individuelles ou en petits groupes, à Berlin et Potsdam. Ses visites sont préparées sur mesure, selon les mots clés que vous lui donnerez. Elles sont orientées art de vivre, architecture, histoire. Fin connaisseur de Berlin, de ses quartiers les plus tendance, il donne des clés pour comprendre la ville.

Une visite passionnante, instructive et joyeuse.

Good morning Berlin – www.goodmorningberlin.com - 22 €. élodie (ou Adrien) vous emmène en français et en petit comité – 8 pers. maxi – pour une visite guidée thématique de 2h30 à 3h hors des sentiers battus. L'occasion de découvrir l'ancien *no man's land*, les hauts lieux de l'*underground* berlinois, le street art, les derniers squats ou les nouveaux bars improvisés… Sympathique, original et compétent.

Matthias Rau – ℘ (030) 42 11 377 - www.matthiasrau-berlin.de - 11/15 € - réserv. conseillée. Cet ex-Berlinois de l'Est fait découvrir sa ville avec passion et une sacrée pointe d'humour aux germanophones. Visites de quartiers du centre et périphériques (la visite « Unbekanntes Ostberlin » est une vraie perle), visite thématique sur le Berlin juif, visite à vélo le long du tracé du Mur.

À vélo

Berlin on Bike – ℘ (030) 43 73 99 99 (Knaackstraße 97, Prenzlauer Berg) - www.berlinonbike.de - 21 €. Visites guidées, d'avr. à oct., en anglais, comme « Le tour du Mur » (15 km en 3h30) ou « Les oasis de la capitale » (17 km en 3h30). Location de vélos.

Fahrradstation – ℘ 0180 510 8000 - www.fahrradstation.com - 18 €. Visites guidées « Berlin by bike » en français. Sur réservation. Départ de Dorotheenstr. 30. Location de vélos.

City Cycle Tour – ℘ 789 91939 - www.citycycletour.de. Dix visites guidées, en anglais ou allemand (« Stasi », « Guerre froide », « Little Istanbul », « Berlin multiculturelle »…). Départ du magasin Pedalpower (Hagelberger Str. 15, à Kreuzberg). Prix sur demande.

♿ *Pour les locations de vélo hors visites guidées : « Vélo » p. 146.*

En bus touristique

Berlin City Tour – ℘ (030) 68 30 26 41 - www.berlin-city-tour.de - 17 €. Bus à impériale « Hop on, hop off » permettant de quitter le bus à chaque arrêt et d'y remonter au tour suivant. Circuits d'environ 2 heures, en allemand et anglais.

Bon à savoir : pour le prix d'un simple ticket de bus, la ligne 100 (bus à deux étages) circule le long des principaux monuments du centre-ville.

En bateau

Stern-und-Kreis-Schiffahrt – ℘ (030) 53 63 600 - www.sternundkreis.de - circuits d'1h à une journée. Le plus grand spécialiste de la croisière à Berlin.

Reederei Riedel – ℘ (030) 67 96 14 70 - www.reederei-riedel.de - durée : 1h à 3h - audioguides en français - de 13 à 25 € - départs : Hauptbahnhof, Haus der Kulturen der Welt, Kottbusserbrücke… Le long de la Spree, du Landwehrkanal et du Müggelsee.

Reederei Bruno Winkler – ℘ (030) 349 95 95 - www.reedereiwinkler.de - départs : Schlossbrücke, Bahnhof Friedrichstraße. 1h à 3h à travers le Berlin historique et moderne. De 11 à 20 €.

Agenda culturel

RENDEZ-VOUS ANNUELS

Janvier
▶**Lange Nacht der Museen** *(Longue Nuit des musées)* – Concerts, lectures et visites guidées dans plus de 70 musées, ouverts de 18h à 2h du matin (dernier sam. du mois). www.lange-nacht-der-museen.de

▶**Fashion Week** *(Semaine de la mode)* – Durant quatre jours, Berlin se transforme en capitale de la mode. De nombreux défilés sont ouverts au public (2e quinz. du mois). www.fashion-week-berlin.com

Février
▶**Transmédiale** *(Festival international d'art et de culture digitale)* – Le must des arts graphiques et numériques (premiers jours du mois). www.transmediale.de

▶**Berlinale, Internationale Filmfestspiele Berlin** *(Festival international du film de Berlin)* – Près de 350 projections de films ouvertes au public (1re moitié du mois), la plupart dans les cinémas de Potsdamer Platz. www.berlinale.de
&. Encadré p. 76.

Mars
▶**MaerzMusik** *(Festival des musiques contemporaines)* – 2e quinz. du mois. www.berlinerfestspiele.de

Avril
▶**Berliner Festtage** *(Festival lyrique)* – Des journées berlinoises organisées par le Staatsoper Berlin, consacrées à la Tétralogie de Wagner (mars ou avr. selon l'année). www.staatsoper-berlin.de

Mai
▶**Theatertreffen** *(Rencontres théâtrales)* – Grand festival de théâtre germanophone, avec 2 000 spectacles à l'affiche (3 premières sem. du mois). www.berlinerfestspiele.de

▶**Karneval der Kulturen** *(Carnaval des cultures)* – À Kreuzberg, ce carnaval multiculturel (4 j.) est clos par un immense défilé de chars très coloré (dim. apr.-midi). Certaines années, il a lieu en juin. www.karneval-berlin.de

De mai à août
▶**Citadel Music Festival** – Le plus grand festival de l'été. Concerts en plein air dans la citadelle de Spandau (à l'ouest de la ville), du classique au rock, avec des têtes d'affiches internationales. http://citadel-music-festival.de

Juin
▶**48 Stunden Neukölln** *(Les 48 heures de Neukölln)* – Festival interdisciplinaire qui mêle expos, spectacles et performances dans le quartier populaire de Neukölln, à côté de Kreuzberg (3e week-end du mois). Une belle vitrine de la création berlinoise. www.48-stunden-neukoelln.de

BERLIN PRATIQUE

▶**Bergmannstraßenfest** – Trois jours durant, la Bergmannstraße (Kreuzberg) vit au rythme du jazz avec concerts en plein air, stands d'artisanat et petits plats multiculturels. www.kiez-und-kultur.de

▶**DMY** – Festival réunissant la crème des designers internationaux, sur le site de l'ancien aéroport Tempelhof (déb. juin). http://dmy-berlin.com

▶**Fête de la musique** – Une centaine de scènes dans toute la ville (21 juin). www.fetedelamusique.de

▶**Christopher Street Day** – Sur les grands axes de la ville, grand défilé de la communauté gay, lesbienne, bi- et transsexuelle (4ᵉ sam. du mois). www.csd-berlin.de

Juillet

▶**Classic Open Air** – Sur le Gendarmenmarkt, cinq soirées de concerts de musique classique en plein air (déb. du mois). www.classicopenair.de

▶**Die Nächte des Ramadan** (*Les nuits du Ramadan*) – À Kreuzberg, Neukölln et sur la Karl-Marx-Straße, un cocktail de danses bosniaques, pop turque, *gamelan* indonésien et hip hop sénégalais. www.naechtedesramadan.de

▶**Fashion Week** (*Semaine de la mode*) – Début du mois. ⓒ *Janvier*.

Août

▶**Festival Young Euro Classic** – Musique classique, jouée au Konzerthaus (ⓒ p. 59), par de jeunes orchestres européens (2 sem.). www.young-euro-classic.de

▶**Lange Nacht der Museen** (*Longue Nuit des musées*) – ⓒ *Janvier*.

▶**Tanz im August** – Les Sophiensaele et la Haus der Berliner Festspiele accueillent un festival international de danse (2ᵉ et 3ᵉ sem. du mois). www.tanzimaugust.de

▶**Internationales Berliner Bierfestival** (*Festival international de la bière*) – Le long de la Karl-Marx-Allee, les bières de 20 régions allemandes sont présentées dans une ambiance très animée (1ʳᵉ sem. d'août). www.bierfestival-berlin.de

Septembre

▶**Musikfest Berlin** – 25 orchestres se relaient 21 jours durant à la Philharmonie (ⓒ p. 83) pour interpréter 75 œuvres de 25 compositeurs différents. www.berlinerfestspiele.de

▶**Jüdische Kulturtage** – Le plus important festival juif d'Allemagne. Concerts à la synagogue, projections de film, rock *klezmer*, gastronomie... www.juedische-kulturtage.org

▶**IFA** – Salon international de l'électronique, au parc des Expositions (Messe Berlin) (déb. du mois). http://b2c.ifa-berlin.de

▶**Berlin Marathon** – Départ et arrivée près de la porte de Brandebourg, pour le plus grand marathon d'Europe (fin du mois). www.bmw-berlin-marathon.com

Octobre

▶**Tag der deutschen Einheit** (*Jour national de la réunification allemande*) – L'occasion d'une

grande fête autour de la porte de Brandebourg : dégustation de vins locaux, concerts, etc. (3 oct.).
▶**Festival of lights** *(Festival des lumières)* – Jeux de lumière dans le centre historique (Mitte) et sur les principaux monuments de Berlin. Feux d'artifice, spectacles son et lumière (2e et 3e sem. du mois). www.festival-of-lights.de

Novembre

▶**JazzFest Berlin** – L'un des festivals les plus renommés au monde pour sa programmation pointue de jazz contemporain et européen. Concerts à la Haus der Berliner Festspiele et dans les clubs de jazz de la ville (déb. du mois). www.berlinerfestspiele.de
▶**Berlin Märchentage**
Grand festival des contes de fées du monde entier dans une ambiance carnavalesque, pendant près de 3 semaines. www.maerchenland.de

31 décembre

▶**Nuit de la Saint-Sylvestre** – Entre la porte de Brandebourg et la colonne de la Victoire (Siegssäule), une gigantesque fête couronnée par un feu d'artifice. www.berliner-silvester.de

BIENNALES

▶**Berlin-Biennale** – Dans près d'une vingtaine de lieux, honneur à l'art contemporain (de juin à mi-sept.). La prochaine en 2018. www.berlinbiennale.de
▶**ILA Berlin-Brandenburg** – À l'aéroport de Schönefeld, exposition internationale aéronautique (mai ou juin). La prochaine en 2018. www.ila-berlin.com
▶**Europäischer Monat der Fotografie** – Un mois durant (oct.), Berlin accueille de nombreuses expos autour de la photographie vintage et contemporaine. La prochaine en 2018. www.mdf-berlin.de

AUTRES ÉVÉNEMENTS

Sur le site Internet des musées de Berlin, en anglais et allemand : **www.smb.spk-berlin.de** (onglet « kalender »). Très pratique aussi, le calendrier (en anglais et en allemand) de l'office de tourisme, **www.visitberlin.de**
L'agenda culturel en allemand se consulte dans les magazines culturels *Zitty* et *Tip*, très complets. Parution tous les quinze jours. En ligne : **www.zitty.de** et **www.berlinonline.de**
Ou dans les principaux quotidiens berlinois, tels le *Tagesspiegel* et le *Berliner Zeitung*. En ligne : **www.tagesspiegel.de** et **www.berliner-zeitung.de**
Blogs – Vous pourrez consulter avec profit « l'agenda de la semaine » sur **vivreaberlin.com**, conçu pour les francophones expatriés à Berlin, et glaner des idées de sorties originales dans le blog **goodmorningberlin.com**, créé par élodie Benchereau. Autre filon : **generationberlin.mondoblog.org**
Billetteries – Certains grands événements peuvent être réservés avant le départ sur le site de l'office de tourisme (**www.visitberlin.de**). Vous pouvez également acheter vos billets directement auprès des lieux d'exposition.

Pour en savoir plus

Les dates clés	**154**
Urbanisme	**155**
Berlin à l'heure d'Hitler	**157**
Le Mur de Berlin	**158**
Architecture contemporaine	**159**
L'art dans l'entre-deux-guerres	**160**
Le cabaret	**162**
Le cinéma expressionniste	**163**
Célèbres Berlinois	**164**
Berlin alternative	**165**
Gastronomie berlinoise	**167**

Métro aérien, à Kreuzberg.
Cultura/hemis.fr

Les dates clés

1307 – Berlin et Cölln s'unissent.
1323-1373 – Règne des Wittelsbach.
1359 – Berlin-Cölln intègre la Hanse, qui regroupe les ports marchands d'Europe du Nord.
1376 et 1380 – Des incendies détruisent presque entièrement Berlin et Cölln.
1440-1470 – Électorat de **Frédéric II**.
1640-1688 – électorat de **Frédéric-Guillaume**, dit le **Grand Électeur**.
1685 – édit de Potsdam; nombre d'huguenots s'établissent dans le Brandebourg.
1709 – Berlin et Cölln s'unissent.
1740-1786 – Règne de **Frédéric II (Frédéric le Grand)**.
1806-1808 – Occupation napoléonienne.
1870-1871 – Guerre franco-prussienne.
1871 – Berlin devient capitale du nouvel Empire allemand.
3 août 1914 – L'Allemagne déclare la guerre à la France et à la Russie.
1918 – Proclamation de la République de Weimar (1918-1933).
Janvier 1919 – Soulèvement spartakiste, violemment réprimé. Assassinat de Karl Liebknecht et Rosa Luxemburg.
1920 – Berlin intègre sept communes limitrophes dont Charlottenburg.
1924 – Pose de la première pierre de l'aéroport de Tempelhof.
1929 – Crise économique mondiale; troubles sociaux à Berlin.
1933 – Incendie du Reichstag, dissolution du Parlement, pleins pouvoirs à Hitler. *p. 157.*
Août 1936 – **Jeux olympiques d'été** à Berlin. *p. 157.*
9 novembre 1938 – Nuit de cristal. *p. 157.*
1er août 1939 – L'Allemagne envahit la Pologne; entrée en guerre des Alliés.
1941 – Première déportation massive des juifs de Berlin.
8-9 mai 1945 – Capitulation sans conditions de l'Allemagne.
17 juillet-2 août 1945 – **Conférence de Potsdam**, qui entérine la division de la ville en quatre secteurs d'occupation.
24 juin 1948-12 mai 1949 – Blocus de Berlin.
6 juin 1951 – Première édition de la Berlinale créée à l'initiative des Américains.
13 août 1961 – Construction du Mur.
23 juin 1963 – Visite de John F. Kennedy à Berlin-Ouest.
1976 – Inauguration du « Palais de la République » sur le site de l'ancien château de Berlin.
1987 – 750e anniversaire de la ville.
9 novembre 1989 – Chute du Mur.
3 octobre 1990 – Réunification de l'Allemagne.
Juin 1991 – Transfert du Bundestag de Bonn à Berlin.
Nov. 2005 – Angela Merkel (CDU) est élue chancelière. Elle est réélue en 2009 et 2013.
2013 – Début du chantier de reconstruction du château de Berlin. *p. 36.*
2017 – Inauguration de l'Upper West sur le Ku'Damm. *p. 94.*

Urbanisme

« Berlin est une ville aux multiples facettes » selon la phrase si souvent citée de Werner Düttmann, l'architecte du Brücke-Museum. Les projets y sont si divers, les démolitions si nombreuses et les modifications si radicales qu'il est difficile d'appréhender la ville comme une seule entité. Jusqu'à aujourd'hui, Berlin a régulièrement sacrifié sans hésitation son patrimoine architectural ancien à des idées progressistes. Chaque génération y a laissé son empreinte.

LA VILLE DOUBLE (MOYEN ÂGE)

Au Moyen Âge coexistaient deux centres, séparés par la Spree : d'un côté Berlin, autour de l'ancien marché (aujourd'hui Molkenmarkt) et de l'église St-Nicolas ; de l'autre Cölln, autour du marché au poisson et de l'église St-Pierre. Il ne reste aujourd'hui guère de traces du **Berlin-Cölln** médiéval : quelques noms de rues (Klosterstraße, Molkenmarkt...), des vestiges d'églises et un petit morceau de l'ancien mur d'enceinte (dans l'actuelle Littenstraße).

L'ÈRE DU GRAND ÉLECTEUR (17e S.)

Sous l'Électeur **Frédéric-Guillaume** (1640-1688), la ville, fortement endommagée par la guerre de Trente Ans, commence à être rebâtie. Le paysage urbain qui se dessine dans la seconde moitié du 17e s. est caractérisé par l'alignement des habitations individuelles en bande continue. Le règlement de 1647, qui prévoit de consolider le chemin en descente reliant la résidence royale à la réserve de chasse et de le border de milliers de noyers et tilleuls *(Linden),* constitue l'axe d'**Unter den Linden** (« Sous les tilleuls »).

L'ÉPOQUE FRÉDÉRICIENNE (18e S.)

L'époque de Frédéric le Grand rime avec splendeur. Une place monumentale (le « **Forum Fridericianum** ») entourée de somptueux édifices est conçue pour marquer le début de l'allée Unter den **Linden**, aménagée dans les décennies suivantes en une artère jalonnée de magnifiques palais et de bâtiments publics dédiés à la culture. C'est aussi l'époque du réaménagement du **Tiergarten** (*p. 87*) en un « parc d'agrément ouvert à la population ».

LE GÉNIE DE SCHINKEL (MILIEU DU 19e S.)

L'architecte **Karl Friedrich Schinkel** (*p. 164*) confère à la ville son caractère bourgeois. Le Nouveau Corps de garde (sa première œuvre), le remaniement de la cathédrale de Berlin, l'Ancien Musée, la reconstruction du Schauspielhaus et l'église de Friedrichswerder témoignent de son génie et de son ardeur : à lui seul, l'infatigable Schinkel a conçu – même s'il n'en subsiste que très peu – une trentaine d'édifices, sans parler de son œuvre sculptée, du pont du Château (Schloßbrücke) et du mémorial de Kreuzberg. Les édifices de Schinkel sont sobres, plutôt dépouillés et se veulent très fonctionnels.

LE WILHELMINISME (1890-1918)

Avec la formation du Reich, en 1871, la ville est réaménagée et s'agrandit, incorporant communes et villes voisines. La « migration vers l'ouest » (de la population fortunée) s'intensifie, avec de nouveaux quartiers destinés à héberger la moyenne et la grande bourgeoisie (luxueuses constructions du Kurfürstendamm et des rues adjacentes, hôtels particuliers à Wilmersdorf et Charlottenburg). L'explosion de la population conduit au peuplement jusqu'à saturation des **Mietskasernen** (« casernes locatives », de grands immeubles loués à la classe ouvrière), à Kreuzberg, Prenzlauer Berg et Friedrichshain.
Le **classicisme**, jugé trop dépouillé et strict, cède la place à une architecture d'apparat, sous **Guillaume II**. La ville se couvre d'édifices cossus aux façades richement décorées, surchargées d'allégories, dans une profusion de styles. L'**historicisme** atteint son apogée avec la reconstruction de la cathédrale de Berlin. Les autres édifices importants de cette période sont la Bibliothèque nationale, la Zollernhof, l'ancien relais de la Poste impériale, le Theater des Westens, le pont de l'Oberbaum, le ministère de la Défense, le Reichstag et le musée de la Marche de Brandebourg.

LES MODERNES (1re MOITIÉ DU 20e S.)

Sous la république de Weimar, dans les années 1920, la ville est un champ expérimental, notamment pour l'expressionnisme et le **Bauhaus**, et se transforme en métropole, avec des projets ambitieux, comme les cités-jardins, signés pour certains par des architectes de renom, tels **Walter Gropius** et **Ludwig Mies van der Rohe**. Berlin devient ainsi le précurseur de l'urbanisme moderne.

UN CHAMP DE RUINES (2de MOITIÉ DU 20e S.)

Après la Seconde Guerre mondiale, Berlin est dévastée : plus de 30 % des bâtiments sont détruits ou très endommagés. La priorité est donnée à la restauration rapide des habitations et à la rénovation des infrastructures. La construction du Mur, en 1961, entraîne une profonde cicatrice dans l'urbanisme. Dans le secteur occidental, Hans Scharoun est chargé d'édifier un nouveau pôle culturel, le **Kulturforum** (👉 p. 80). À l'Est, on s'emploie à bâtir une ville fonctionnelle à coup de logements sociaux préfabriqués en béton (Plattenbau) et de grands axes routiers. Il faut attendre la chute du Mur, en 1989, pour que s'ouvre un nouveau pan d'expérimentation urbaine.

Berlin à l'heure d'Hitler

LA « PRISE DE POUVOIR »

Le 30 janvier 1933, **Adolf Hitler** est nommé chancelier à Berlin par le président Hindenburg. Les nazis célèbrent cette nomination avec une retraite aux flambeaux qui passe par la porte de Brandebourg. Après l'**incendie du Reichstag** dans la nuit du 27 au 28 février 1933, un décret-loi abolit la plupart des droits et principes fondamentaux de la république de Weimar. Avec la loi des pleins pouvoirs du 23 mars, le Reichstag est éliminé. En peu de temps, plus de 50 camps de concentration « sauvages » voient le jour à Berlin, dans des casernes et des locaux des SA et des SS. Les opposants politiques et les juifs sont poursuivis lors d'une expédition de terreur sans précédent. Berlin est au cœur des événements, comme lors de l'**autodafé du 10 mai 1933**, ou encore de la **Nuit de cristal** du 9 novembre 1938. La capitale du Reich, siège des SA, organisations nazies qui sèment la terreur, de la Gestapo et de l'Office central de la sécurité du Reich, constitue le cœur de ce régime. À partir de 1933, la vie scientifique, artistique et intellectuelle de Berlin est peu à peu privée de liberté d'expression. L'arrivée au pouvoir des nazis marque également la fin de la courte période d'autonomie administrative démocratique de Berlin ; toutes les institutions, telles que le Parlement municipal et les assemblées des députés de quartier, sont éliminées.

En 1935, les **lois raciales de Nuremberg** privant les citoyens juifs de leurs droits civiques préparent le terrain aux déportations massives (1941) et la **conférence de Wannsee** décide de l'exécution de tous les juifs d'Europe (1942).
En août **1936**, les **Jeux olympiques d'été** se transforment en une parade de propagande, où, formidable pied-de-nez au racisme nazi, brille l'athlète américain noir Jesse Owens avec 4 médailles d'or.

GUERRE ET DESTRUCTION

La capitale du Reich est atteinte par les premières bombes en 1940. Elle fait l'objet d'un bombardement permanent entre l'automne 1943 et mars 1945, qui coûte la vie à plusieurs dizaines de milliers d'habitants. L'intensification des raids aériens entraîne la fuite d'un nombre croissant de Berlinois, tandis que des travailleurs enrôlés de force comblent les vides dans la production.
Le combat pour Berlin commence après la traversée de l'Oder par l'Armée rouge en février 1945. Après le suicide d'Hitler dans le bunker de la chancellerie le 30 avril, le commandant de la place, le général Helmuth Weidling, capitule à l'issue d'un combat de 16 jours. Dans le quartier général soviétique, à Karlshorst, est signée la capitulation sans conditions dans la nuit du 8 au 9 mai.

Le Mur de Berlin

LE CONTEXTE

Après la Seconde Guerre mondiale, Berlin est divisée en quatre secteurs d'occupation (américain, britannique, français et russe) et devient la balle de jeu de la politique mondiale. Le 23 mai 1949 est fondée la **République fédérale d'Allemagne** (RFA) et le 7 octobre, la **République démocratique allemande** (RDA). Tandis que le Grand-Berlin devient un Land de la RFA, la RDA revendique la ville tout entière comme capitale (pour elle, Berlin-Ouest n'est que provisoirement « administré » par les forces de l'OTAN).

DU BARRAGE AU MUR

Les évasions de citoyens de la RDA sont de plus en plus nombreuses au cours des années 1950. Le dimanche **13 août 1961**, tôt le matin, un barrage hautement surveillé est érigé le long de la frontière entre les secteurs Est et Ouest ; il est rapidement remplacé par un mur qui vient encercler Berlin-Ouest telle une île. Fin 1961, il n'y a plus que 7 points de passage.

DES DEUX CÔTÉS

La division implique de recréer au plus vite les institutions et établissements manquants dans les deux parties de la ville. Les environs de l'église du Souvenir deviennent le centre-ville de Berlin-Ouest, et l'Alexanderplatz le point fort de la rénovation du centre-ville côté Est. Les deux parties sont transformées en vitrines de leurs systèmes politiques respectifs. De part et d'autre, une certaine « normalité » s'installe dans la vie de la plupart des Berlinois.

LA CHUTE

En 1989, facilités par la suppression du Rideau de Fer entre la Hongrie et l'Autriche, les départs des Allemands de l'Est sont de plus en plus nombreux. Le 4 novembre, plus d'un demi-million de personnes se réunissent sur l'Alexanderplatz afin de réclamer des réformes démocratiques. Lors d'une conférence de presse, le 9 novembre, **Günther Schabowski**, membre du bureau politique du Parti socialiste unifié d'Allemagne (SED), annonce une réglementation plus souple en matière de voyages à l'étranger. Interrogé sur la date d'entrée en vigueur, il répond : « Immédiatement. » Les demandeurs affluent aux passages frontaliers, pris au dépourvu. Un immense mouvement d'euphorie envahit la ville, qui frôle le chaos général. De nouveaux passages frontaliers sont ouverts. L'ouverture de la porte de Brandebourg, le **22 décembre 1989**, un mois et demi après la chute du Mur, a une valeur particulièrement symbolique.
Le Mur a été depuis en grande partie détruit. La plus grande section encore existante est l'East Side Gallery (*p. 57*).

Architecture contemporaine

Depuis la réunification, des centaines de milliards ont été investis à Berlin, en particulier dans l'ancien *no man's land* situé à la jonction entre l'Est et l'Ouest. Le nombre considérable de chantiers et la diversité des projets ont fait de la capitale allemande la « **Mecque des architectes** » : beaucoup d'entre eux ont vu là une fantastique occasion d'imaginer, au seuil du 21e s., ce que devrait être une métropole européenne.

LA RECONSTRUCTION CRITIQUE

Après un vif et long débat entre « avant-gardistes » (souhaitant créer un « nouveau Berlin ») et « traditionalistes » (privilégiant les structures historiques), le principe de la « reconstruction critique » a été adopté. L'idée : les nouvelles constructions doivent être en harmonie avec le plan de la ville et se référer aux traditions urbanistiques existant en matière d'alignement, de hauteur et de tracé. Elles doivent aussi disposer d'une part habitable de 20 %, l'objectif étant de créer un espace à la fois dédié au travail, au logement et aux loisirs, plutôt que de grandes zones monofonctionnelles.

« DIVERSITÉ DANS L'UNITÉ »

Une fois les échafaudages démontés, une ville de contrastes est apparue. La référence à des traditions oubliées a généré une étonnante « diversité dans l'unité » et des modèles historiques côtoient une architecture innovante. On peut citer la DZ Bank de **Frank Gehry** sur la Pariser Platz qui allie respect des critères de construction et décoration intérieure spectaculaire, l'architecture déconstructiviste de **Daniel Libeskind** pour le Jüdisches Museum, l'édifice en verre des Galeries Lafayette de **Jean Nouvel** ou le Quartier 206 d'**Henry Cobb**, qui se réfère à la tradition expressionniste. On peut aussi évoquer le cas des ambassades (*p. 84-86*) et bien évidemment la Potsdamer Platz, où la fine fleur de l'architecture mondiale (**Renzo Piano**, **Helmut Jahn**, **Sir Richard Rogers**...) a érigé des tours futuristes.

Axel Schultes et **Charlotte Frank** dérogent au parti pris de la « reconstruction critique » pour inventer le quartier très avant-gardiste du Parlement et du gouvernement : le « Ruban de la Fédération » (*Band des Bundes, p. 17*). Schultes est également à l'origine du bâtiment de la Chancellerie fédérale, du projet de réaménagement du Reichstag, mené à bien par **Norman Foster**, et des bâtiments du Bundestag, édifiés par **Stephan Braunfels** (*Paul-Löbe-Haus et Marie-Elisabeth-Lüders-Haus*).

POUR EN SAVOIR PLUS

L'art dans l'entre-deux-guerres

Lorsque paraît l'anthologie *Hier schreibt Berlin* de Herbert Günther en 1929, la ville a atteint l'apogée de son rayonnement intellectuel. Berlin est alors la **capitale culturelle** de l'Europe et il n'existe aucun auteur international illustre qui ne l'ait visitée ou habitée. Les nombreux cafés et salons de thé constituent l'infrastructure culturelle de l'époque. Plusieurs courants artistiques sont représentés.

Fränzi vor geschnitzten Stuhl, Ernst Ludwig Kirchner, 1910, Musée Thyssen-Bornemisza, Madrid.

DIE BRÜCKE

Le groupe Die Brücke (« Le Pont ») créé en 1905 à Dresde, rejoint Berlin en 1910. Il réunit des peintres comme Erich Heckel, **Ernst Ludwig Kirchner**, Karl Schmidt-Rottluff et Emil Nolde dont les œuvres rappellent le fauvisme français par l'**utilisation de couleurs pures et contrastées**. Leurs sujets de prédilection que sont le nu, les paysages et les décors urbains sont notamment influencés par le primitivisme et laissent transparaître leur volonté de rompre avec l'art « bourgeois » et académique. L'émotion, principale source d'inspiration, conduit les artistes à s'attacher davantage au fond qu'à la forme.

LE DADAÏSME

Né à Zurich en 1915, le mouvement Dada acquiert une dimension politique à Berlin. Les dadaïstes berlinois créent une **esthétique de la laideur**, le but étant, selon le chef de file, George Grosz, de « montrer au monde qu'il est laid, malade et menteur ». Les dadaïstes participent à leur manière à la révolution en fondant une « République dada » à Nikolassee, au sud-ouest de Berlin.

L'ART DANS L'ENTRE-DEUX-GUERRES

Exemple du Bauhaus : la cité moderniste Großsiedlung Siemensstadt, 1929-1931.

L'EXPRESSIONNISME

Le choc de la Première Guerre mondiale et la crise sociale qui en découle font naître un art sombre et désabusé, qui touche toutes les disciplines artistiques. L'expressionnisme allemand introduit notamment dans la peinture – celle d'Otto Dix (1891-1969) par exemple – une **vision du monde déformée, violente et tragique**, fruit de la subjectivité de l'artiste qui s'inscrit dans la lignée de Van Gogh et du peintre norvégien Edvard Munch, très influent en Allemagne. L'expressionnisme ne survivra pas au nazisme, qui le considère comme un art « dégénéré ».

LE BAUHAUS

Institut d'art et de métiers né sous la houlette de **Walter Gropius** à Weimar, le Bauhaus (1919-1933) se veut à la fois artistique et social. Il propose notamment de rapprocher l'art et l'artisanat de la production industrielle et du travail de masse. Mouvement exigeant, presque utopiste, qui suscita de nombreuses vocations parmi les artistes d'avant-garde : Klee, Kandinsky, Moholy-Nagy… Transféré à Berlin en 1932 et dissous par les nazis en 1933, le Bauhaus continue aujourd'hui encore d'exercer une grande influence dans les milieux de l'art et de l'industrie.

Le cabaret

Le tout premier cabaret allemand – l'Überbrettl, un peu l'équivalent du Chat Noir de Montmartre – ouvre ses portes en 1901, à l'initiative d'Ernst von Wolzogen, mais il faut attendre les années 1920 pour qu'une scène indépendante voie le jour, plus insolente et plus vivante ; elle n'a, depuis, rien perdu de son mordant.

L'ÂGE D'OR

Dans les années 1920, le cabaret couvre plusieurs registres : du théâtre commercial, spirituel ou mondain à la critique satirique du système, en passant par le beuglant grotesque. Dans l'Entre-deux-guerres, Berlin compte plus de 100 cabarets. Le célèbre Schall und Rauch, cabaret littéraire fondé par Max Reinhardt en 1901, rouvre après la guerre, en 1919. La même année, le Tribüne acquiert une renommée internationale comme théâtre d'avant-garde. Le poète **Erich Mühsam** (1878-1934) se produit au Septième Ciel (Siebter Himmel). Citons aussi La Folie des Grandeurs (Kabarett Größenwahn) de Rosa Valetti, la Scène sauvage (Wilde Bühne), où se produit un inconnu nommé Bertolt Brecht, et le Nelson-Theater, sur le Kurfürstendamm, où **Marlene Dietrich** et **Hans Albers** remportent leurs premiers succès. Le cabaret des années 1920 sert aussi de tribune politique pour critiquer la république de Weimar et présenter des contre-projets. La star de l'époque, **Claire Waldoff**, entonne ses refrains salés « Sous les Tilleuls » (Unter den Linden). Plus sarcastique, **Blandine Ebinger** est la coqueluche de l'intelligentsia expressionniste. Ce mélange d'humour, d'ironie et de critique sociale dérange les nazis, qui chassent de la scène et du pays la plupart des chansonniers, qualifiés de « littérateurs juifs de rue ». Une exception, le Katakombe de **Werner Finck** résiste jusqu'en 1935.

LE RENOUVEAU

Après 1945, quelque 100 nouveaux cabarets renaissent en tant que « sismographes politiques ». Les stars de Berlin-Ouest, les comédiens **Günter Pfitzmann** et **Ralf Wolter**, se produisent à La Lucarne (Dachluke). Le cabaret radiophonique Les Insulaires (Die Insulaner), qui se moque des fonctionnaires de la RDA, acquiert une notoriété au-delà de la ville. Le Stachelschweine et l'anarchiste irrévérencieux **Wolfgang Neuss** sont deux symboles des années 1960. À partir des années 1970, une scène alternative apparaît, avec notamment les Drei Tornados et le Cabarett des Westens (CaDeWe). À Berlin-Est, Le Chardon (Die Distel), seul cabaret public, critique avec prudence l'État. De nos jours, la tradition du cabaret berlinois et les plaisanteries politiques sont toujours bien vivantes dans de nombreux établissements comme le Stachelschweine, le Wühlmäuse, le Distel, le Bar jeder Vernunft.

Le cinéma expressionniste

Le septième art allemand connaît son âge d'or dans les années 1920, notamment grâce aux metteurs en scène du théâtre expressionniste, qui ont largement influencé les cinéastes.

DES FILMS SYMBOLIQUES

Cette école cinématographique possède une dimension métaphysique. Elle plonge dans le passé de l'Allemagne et les légendes de l'Europe centrale. L'acteur, muet, y évolue avec une gestuelle saccadée sous des éclairages très étudiés, dans des décors à la géométrie brisée. **Le surnaturel**, **les visions de l'avenir**, **les peurs** et **le traumatisme de la guerre** s'emparent des écrans. Tout au long des années 1920, on montre en clair-obscur la misère de la grande ville. Ses chefs de file sont le metteur en scène **Max Reinhardt** (1873-1943), qui dirige le cabaret Schall und Rauch ainsi que le Deutsches Theater, et son élève **Ernst Lubitsch** (1892-1947). Les Berlinois se pressent dans les salles de cinéma, avides de fantastique et d'histoires d'épouvante. *Le Golem* de **Paul Wegener** (1874-1948), qui narre l'histoire d'un homme fabriquant un monstre dans l'espoir d'en faire un esclave à son service, fait frissonner les foules (1920). **Friedrich Wilhelm Murnau** (1889-1938) se fait connaître en 1922 avec *Nosferatu, une symphonie de l'horreur*, adapté du roman de Bram Stoker *(Dracula)*, et **Fritz Lang** (1890-1976) tourne quelques années plus tard, à Berlin, son premier film parlant, *M. le Maudit*.

L'USINE À RÊVES

En 1917 est créée une société de production cinématographique destinée à filmer les opérations militaires et contrecarrer la propagande britannique. Mise sur pied par le magnat de la presse **Alfred Hugenberg**, l'UFA *(Universum Film Aktiengesellschaft)* est financée par le gouvernement et l'industrie privée. Devenue une « usine à rêves », elle produira plusieurs créations ambitieuses. En 1919, *Madame Dubarry*, premier film à costumes, et *Le Cabinet du docteur Caligari* de **Robert Wiene** (1881-1938) connaissent un succès international.

DE BERLIN À HOLLYWOOD

Lubitsch se fixe aux États-Unis en 1922 et y réussit dans la comédie. Bien d'autres réalisateurs allemands émigrent vers Hollywood lors de l'arrivée au pouvoir des nazis en Allemagne. Ils seront accueillis à bras ouverts par les studios américains. Grâce à leurs productions, le cinéma expressionniste aura une profonde influence sur le cinéma américain, en particulier sur le film d'horreur et le film noir. *Musée du Cinéma p. 76.*

Célèbres Berlinois

KARL FRIEDRICH SCHINKEL

C'est le grand architecte (1781-1841) de Berlin. Il a orné la ville de ses édifices imposants aux lignes dépouillées, inspirées des temples antiques. Schauspielhaus sur le Gendarmenmarkt mais aussi Nouveau Corps de garde, pont du Château, ou Ancien Musée : tous ces chefs-d'œuvre édifiés entre 1817 et 1823 participent à l'expression du nationalisme prussien. Endommagés par les bombes, ces monuments ont fait l'objet d'une restauration soignée, à l'initiative des autorités est-allemandes. ♿ *« Urbanisme », p. 155*.

ALFRED DÖBLIN

Döblin (1878-1957) a renouvelé la forme romanesque avec son roman *Berlin Alexanderplatz*, publié en 1929 et adapté au cinéma dès 1931 (puis en 1979 par R.W. Fassbinder). Médecin et écrivain, Alfred Döblin fuit Berlin en 1933 pour la France et les États-Unis. Il revient en Europe en 1945.

WILHELM FURTWÄNGLER

Cet immense chef d'orchestre, défenseur emblématique de la musique romantique allemande, né à Berlin (1886-1954), prend en 1922 la tête de la Philharmonie (♿ *p. 83*). Bien qu'ayant démissionné de tous ses postes en 1934, il continue à diriger en Allemagne. Il s'oppose à la récupération de la musique à des fins de propagande nazie, en insistant sur la vérité musicale. Rétabli à la Philharmonie en 1947, il met tout en œuvre, après la guerre, pour réconcilier l'Europe avec l'Allemagne, à travers la musique.

BERTOLD BRECHT

La personnalité de cet auteur socialiste engagé (1898-1956) domine la scène théâtrale. Il refuse le « théâtre de l'illusion » et prône la distanciation : le spectateur doit être un observateur de ce qui se déroule sur scène. Ses pièces les plus connues ? *L'Opéra de Quat'sous*, *Mère Courage*, *Galilée*. Il quitte l'Allemagne quelques semaines avant l'autodafé de 1933. Après guerre, il s'installe en 1948 en RDA. Il meurt à Berlin-Est en 1956, après être devenu une figure du régime socialiste.

MARLENE DIETRICH

Née à Berlin en 1901, l'actrice est révélée en 1930 par *L'Ange bleu*, de Joseph von Sternberg. Elle poursuit sa carrière à Hollywood. Adversaire des nationaux-socialistes, elle est déchue de sa nationalité allemande en 1937 et ne revient à Berlin qu'après la guerre. Elle meurt en 1992 et repose dans le cimetière de Berlin-Friedenau (Stubenrauchstraße). Elle a légué de nombreux souvenirs au Kinemathek Museum (musée du Cinéma, ♿ *p. 76*).

Berlin alternative

Durant la guerre froide, Berlin-Ouest exerçait une très forte attraction sur les objecteurs de conscience et les pacifistes car elle était la seule ville de la République fédérale où le service militaire n'était pas obligatoire. Après la chute du Mur, c'est le côté Est de la ville qui est très vite devenu la terre promise des artistes de la contre-culture et clubbers du monde entier.

SQUATS ET CONTRE-CULTURE

Une raison explique ce phénomène : le grand flou juridique de la « propriété privée » en ex-RDA. Avant 1989, les logements de l'Est berlinois étaient, pour beaucoup d'entre eux, administrés par l'État ou par des coopératives. En attendant que la justice de l'Allemagne réunifiée se penche sur leur statut et sur les milliers de demandes de restitution de biens, ceux qui étaient vacants offraient un formidable terrain de jeux aux courants *underground* et à la contre-culture. En 1992, Berlin comptait déjà une centaine de squats, plus ou moins communautaires et politisés. Le plus connu était le **Tacheles** (Oranienburger Straße 54-56) : installé dans ce qui était autrefois une immense galerie commerçante du Scheunenviertel, il abritait des dizaines d'ateliers d'artistes venus de toute l'Europe mais au fil du temps, il a perdu de sa veine rebelle pour devenir un temple marchand de l'*underground* (certains artistes exigeaient des touristes quelques euros pour pénétrer dans leur atelier ou prendre des photos de leurs murs graffités). Le Tacheles a été évacué par les forces de l'ordre en 2012. La plupart des autres squats ont été légalisés, souvent transformés en logements aux loyers attractifs. Le « Kastanienallee 86 » (**Ka86**), lui, résiste encore, contre vents et marées...

SUR LES BERGES DE LA SPREE

... pourtant la Kastanienallee, comme le reste de Prenzlauer Berg, a été très vite touchée par les hausses de loyers et la *Gentrifizierung* (« embourgeoisement »), obligeant la scène *underground* à jeter son dévolu sur d'autres quartiers : Kreuzberg, Friedrichshain, les abords de l'Ostbahnhof et les friches abandonnées des rives de la Spree. Divers espaces alternatifs ont ainsi vu le jour, à deux pas de rues fraîchement réhabilitées : un village de tentes et de yourtes près des ruines de l'ancienne Eisfabrik (**Teepeeland**), des bars de plage improvisés et officiellement provisoires comme le **Yaam** au bout du Schillingbrücke (*p. 132*). Mais l'histoire se répète : des promoteurs soucieux de rentabiliser le moindre espace vide de la capitale voudraient raser ces dernières parcelles de liberté pour y édifier un complexe ultra-moderne de bureaux et de logements ultra-design. Les riverains se mobilisent activement contre ce projet dit « Mediaspree ». D'autres tentent de sauver le modèle alternatif qui fait la force et l'identité de Berlin en cherchant dans d'autres quartiers un nouvel eldorado.

LES PIRATES BOTANIQUES

En 2009, un autre phénomène a surgi dans ces mêmes quartiers : la **« guérilla jardinière »** qui consiste à planter des légumes et des fleurs un peu partout, en plein jour ou de nuit, plus ou moins légalement. Terrains vagues, trottoirs, contre-allées, parkings, toits, semis en pots, en bacs ou sur palettes... : tout est bon et la créativité, en ce domaine, ne connaît aucune limite ! L'association *Nomadisch Grün* a colonisé la Moritzplatz pour y créer, sur le modèle des jardins communautaires de Cuba, un grand potager urbain mobile : **Prinzessinnengarten** (*p. 66*). Avec l'aide de voisins et de bénévoles, les fondateurs de l'ex-Bar 25 ont fait d'un lopin en bordure de la Spree le **Mörchenpark** où l'on récolte... ce que l'on sème. Dans l'angle sud-est de l'aéroport de Tempelhof (**Allmende-Kontor**), ce sont plus de 700 riverains qui défient le bitume. Leur slogan ? *Eine andere Welt ist pflanzbar* (« un autre monde est plantable ») ! L'objectif ? Reverdir la ville et permettre aux citadins de subvenir à leurs propres besoins. D'aucuns y voient aussi une manière de tourner le dos au capitalisme.

LA MECQUE DE LA TECHNO

Les noctambules de toute l'Europe connaissent les boîtes de nuit de Berlin, qui s'est hissée depuis les années 1990 au premier rang des meilleures destinations pour les fans de techno. Parmi les clubs les plus emblématiques : le Tresor (l'un des plus célèbres clubs techno du monde, *p. 132*), le KitKatClub (réputé pour son hédonisme subversif, Brückenstraße 1, près du métro Heinrich-Heine-Straße) ou le Berghain (près d'Ostbahnof, dédié à la house et à la techno, *p. 131*). Une excellente programmation et une certaine liberté sexuelle ont assis la réputation des boîtes de nuit berlinoises.

LA LOVE PARADE

Avec plus d'un million de *ravers* à chaque édition, cet immense défilé musical a fait la renommée de Berlin sur la scène techno internationale de 1989 à 2006. Organisée sur le Kurfürstendamm, puis, pour faire face à un public toujours plus nombreux, sur la vaste Straße des 17-Juni, la Love Parade réunissait des centaines de milliers de danseurs dans des costumes plus déjantés les uns que les autres, autour de poids-lourds transformés en gigantesques *sound-systems*.
À partir de 2007, d'autres villes allemandes ont accueilli la Love Parade. Mais la mort de 21 personnes en 2010 à Duisbourg lors d'un mouvement de panique a signé sa fin. Elle a été remplacée par une manifestation similaire, la B-Parade, qui s'est tenue jusqu'en 2012 à 115 km au sud de Berlin, sur le Lausitzring.

Gastronomie berlinoise

VIANDES ET CHARCUTERIES

La viande fait quasiment partie de tous les repas, sous la forme des célèbres **boulettes**, mélange de mie de pain et de viande aux oignons, qu'on déguste sur le pouce avec des cornichons doux, typiques de la région. Mais le porc se cuisine également de multiples façons : morceaux d'échine aux légumes variés, *Schweinekamm* à la mode berlinoise, poitrine de porc aux carottes, jarret de porc en croûte avec du chou rouge et le fameux **Eisbein**, jarret de porc salé servi avec de la choucroute et une purée de pois. Le boudin est appelé *Frische Wurst* ; accompagné de saucisses de foie frais *(Leberwurst)*, de porc bouilli et de rognons, il compose la **Berliner Schlachtplatte**. Autre spécialité berlinoise, la **Currywurst**, saucisse accompagnée de sauce au curry que l'on mange dans les *Imbiss*. L'oie s'apprécie sous forme d'abats *(Gänseklein grün)* ou de confits *(Gänsepökelkeule)*.

POISSONS

Anguilles *(Aal grün)* et brochets *(Hecht grün)*, servis avec une salade de concombre, brochet rôti avec une salade au lard *(Brathecht mit Specksalat)*, carpes (pêchées dans les lacs qui entourent Peitz, à 130 km de Berlin), gardons, perches à la bière, tanche avec une sauce à l'aneth *(Schleie in Dillsoße)*, sandre de la rivière Havel, écrevisse à la berlinoise, harengs frits ou marinés *(Rollmöpse)* font partie des spécialités de la région, pour une cuisine de base ou plus raffinée.

SOUPES

La soupe de prédilection des Berlinois est la **Linsensuppe**, composée de lentilles et de tranches de saucisses. La *Bohnensuppe* associe différentes variétés de haricots. Quant à la *Kartoffelsuppe*, elle contient en plus des pommes de terre, du navet, du poireau et du céleri.

PAINS ET PÂTISSERIES

Les petits pains, les fameux *Schrippen*, accompagnent tous les repas et on en trouve dans toutes les boulangeries.
Parmi les pâtisseries, on citera les gâteaux à base de pâte brisée recouverte de grumeaux de sucre, de farine et de beurre *(Streuselkuchen)* ou aux fruits *(Himbeerschnitte*, à la framboise, *Erdbeerschnitte*, à la fraise), le roulé en forme de bûche *(Baumkuchen)*, les tartes en pâte sablée jaune *(Sandtorte)*, les petits sablés *(Spritzkuchen)* d'Eberswalde et naturellement les beignets *(Pfannkuchen)*. Sans oublier le *Bienenstich* (piqûre d'abeille !), gâteau en tranche au miel fondant et aux amandes effilées, un délice.

INDEX

A

Académie des beaux-arts 90
Aéroports
   Aéroport Schönefeld 3
   Aéroport Tegel 3
Agenda culturel 149
Akademie der Künste 90
Alexanderhaus 43
Alexanderplatz 43
Alltag in der DDR 52
Alte Bibliothek 24
Alte Nationalgalerie 32
Alter jüdischer Friedhof 40
Altes Museum 30
Ambassades 142
   Ambassade d'Autriche 86
   Ambassade de France 20
   Ambassade de Grande-Bretagne 20
   Ambassade de la république d'Inde 86
   Ambassade de Russie 22
   Ambassade du Mexique 84
   Ambassades nordiques 84
Ancienne Bibliothèque 24
Ancienne Poste impériale 42
Aquarium 87
Architecture contemporaine 159
Argent 140
Arsenal 25
Atrium Tower 78
Autodafé 23, 157
Avion 140

B

Badeschiff 71
BahnTower 75
Band des Bundes 17
Banques 142
Bars 118
Bâtiment Martin-Gropius 64
Bauhaus 156, 161
Bauhaus-Archiv 85
Bellevue, château 88
Bergmannstraße 70
Berliner Dom 35
Berliner Hauptbahnhof 3
Berlinische Galerie 64
Berlin Marathon 150
Berolinahaus 43
Bibliothèque nationale 23
Biennales 151
Bode-Museum 34
Boltanski, Christian 40
Boros (collection) 17
Brandebourg, Porte de 19
Brandenburger Tor 19
Brasserie Schultheiss 70
Brecht, Bertolt 92, 164
Breitscheidplatz 92
Bröhan-Museum 101
Die Brücke 103, 160
Bundeskanzleramt 16

C

Cabaret 162
Casernes du régiment
« Gardes du corps » 100
Casino 78
Centre Anne-Frank 39
Chancellerie fédérale 16
Charlottenburg, château 97
Château d'eau 50
Château de Berlin 36
Checkpoint Charlie 62
Christopher Street Day 150
Chronologie 154
Cimetière juif 50
Cinéma expressionniste 163
Cité-jardin de Neutempelhof 73
Classicisme 156
Classic Open Air 150
Climat 141
Colonne de la Victoire 88
Contre-culture 165
Coude de la Spree 17
Cours Riehmer 70
Crypte des Hohenzollern 36

INDEX

D

Dadaïsme 160
Dahlem........................102
DDR Museum 35
Décalage horaire................142
Delphi Filmpalast, cinéma..........95
Deutscher Dom 60
Deutsches Historisches Museum.....25
Deutsches Technikmuseum Berlin....71
Dietrich, Marlene...... 76, 94, 162, 164
Diplomatenviertel 84
Döblin, Alfred................ 92, 164

E

East Side Gallery....................57
Églises et temples
  Cathédrale de Berlin................. 35
  Cathédrale Sainte-Hedwige 24
  Église allemande 60
  Église de la Sainte-Vierge 44
  Église de Sion........................ 53
  Église du Souvenir................... 92
  Église évangélique Saint-Thomas 65
  Église française 60
  Église Friedrichswerdersche............ 28
  Église Saint-Boniface 70
  Église Sainte-Sophie.................. 42
  Église Saint-Nicolas................... 48
Ehemalige Postfuhramt............42
Électricité 142
Endell, August 37
Ephraim-Palais..................49
Ermelerhaus....................49
Europa Center 91
Expressionnisme 161

F

Fasanenstraße 94
Fernsehturm....................44
Festivals
  48 Stunden Neukölln 149
  Bergmannstraßenfest................. 150
  Berlinale.......................... 76, 149
  Berliner Festtage..................... 149
  Berlin Märchentage.................. 151
  Citadel Music Festival................ 149
  Die Nächte des Ramadan 150
  DMY 150
  Fashion Week.....................149, 150
  Festival des contes de fées........... 151
  Festival des lumières 151
  Festival International de la Bière....... 150
  Festival Young Euro Classic 150
  Fête de la musique 150
  JazzFest Berlin....................... 151
  Karneval der Kulturen 149
  Lange Nacht der Museen........149, 150
  MaerzMusik......................... 149
  Musikfest Berlin..................... 150
  Tanz im August 150
  Transmédiale 149
FHXB-Museum..................65
Flughafen Tempelhof.............72
Fondation Helmut Newton 95
Fontaine de l'Amitié
entre les peuples 43
Fontaine des Contes de fées 56
Fontaine L'horloge du temps
qui passe......................92
Formalités d'entrée...............140
Forum Fridericianum 23
Frankfurter Tor..................55
Französischer Dom 60
Frédéric-Guillaume 154, 155
Frédéric II 154
Friedhof der Märzgefallenen 56
Friedrich, Caspar David 32
Friedrichshain, quartier...........55
Friedrichstadt-passagen 60
Friedrichswerdersche Kirche 28
Furtwängler, Wilhelm.............164

G

Galeries Lafayette.................60
Gare centrale 18
Gastronomie....................167

INDEX

Gedenkstätte Berliner Mauer 53
Gedenkstätte
 Deutscher Widerstand 86
Gehry, Frank 20
Gemäldegalerie 80
Gendarmenmarkt 59
Goldelse 88
Graefestraße 70
Grands lacs
    Grosser Müggelsee 107
    Wannsee 107
Grimshaw, Nicholas 94
Gropius, Walter 85
Große Hamburger Straße 40
Grunewald 103

H

Hackesche Höfe 37
Hamburger Bahnhof 18
Hansaviertel 88
Hauptbahnhof 18
Haus der Kulturen der Welt 90
Haus des Lehrers 43
Haus Schwarzenberg 37
Hébergement .134
Heckmann höfe 42
Helmholtzplatz 53
Hilmer 75
Historicisme 156
Hitler, Adolf 157
Holocauste, mémorial 20
Holocaust-Mahnmal 20
Horaires 142
Horloge universelle Urania 43
Hôtel de ville 44
Husemannstraße 52

I

IFA 150
Île des Musées 30
Interhotel Stadt Berlin 43
Internet 143

J

Jahn, Helmut 75
Jardin zoologique 87
Jeux olympiques d'été 157
Jours fériés 143
Jüdische Kulturtage 150
Jüdischer Friedhof 50
Jüdisches Museum 62

K

KaDeWe 91
Kaiser-Wilhelm-Gedächtniskirche . . . 92
Kant-Dreieck 95
Karajan, Herbert von 83
Karl-Marx-Allee 55
Kastanienallee 53
Käthe-Kollwitz-Museum 95
Kaufhaus des Westens 91
Kinemathek Museum 76
Kleihues, Josef Paul 95
Knoblauchhaus 48, 49
Kollhoff, Hans 78
Kollwitz, Käthe 52, 95
Kollwitzplatz 52
Komische Oper 22
Konrad-Adenauer-Haus 84
Konzerthaus 59
Kranzler-Eck 94
Kreuzberg 65
Kronprinzenpalais 26
Kulturbrauerei 52
Kulturforum 80
Kunstbibliothek 82
Kunstgewerbemuseum 82
Kunstquartier Bethanien 66
Kupferstichkabinett 82
Kurfürstendamm 91, 92

L

Landwehrkanal 66
Lang, Fritz 163
Lenné, Peter Joseph 87
Libeskind, Daniel 62

INDEX

Liebermann, Max....................32
Liquidrom 64
Literaturhaus......................94
Love Parade......................166
Lubitsch, Ernst...................163
Ludwig-Erhard-Haus 94

M

Maison de l'enseignant.............43
Maison des cultures du monde 90
Maison Knoblauch..................48
Maison manquante..................40
Mariannenplatz 65, 66
Marie-Elisabeth-Lüders-Haus.......17
Märkisches Museum 49
Märkisches Ufer....................49
Marlene Dietrich Platz.............78
Martin-Gropius-Bau 64
Mauermuseum 63
Mémorial de la résistance
  au national-socialisme 86
Mémorial de l'Holocauste 20
Mémorial du Mur de Berlin 53
Mémorial soviétique 58
Mendelssohn, Moses................40
Mies van der Rohe, Ludwig.........83
Mietskasernen....................156
Monbijoupark......................41
Monument national
  des Guerres de Libération.......70
Mur de Berlin 57, 158
Murnau, Friedrich Wilhelm 163
Museen Dahlem....................102
Musées
  Ancien Musée..................... 30
  Ancienne Galerie nationale....... 32
  Art contemporain 18
  Arts décoratifs.................. 82
  Bauhaus.......................... 85
  Berggruen 101
  Bibliothèque d'Art............... 82
  Bode............................. 34
  Boros............................ 17
  Bröhan 101
  Brücke 102
  Cabinet des Estampes............. 82
  Checkpoint Charlie............... 63
  Cinéma........................... 76
  Dahlem.......................... 102
  des Techniques 71
  Die Brücke...................... 102
  Friedrichshain-Kreuzberg......... 65
  Galerie berlinoise............... 64
  Galerie de Peinture.............. 80
  Helmut Newton Fondation 95
  Histoire allemande 25
  Histoire naturelle 18
  Huguenots........................ 60
  Juif 62
  Käthe Kollwitz 95
  Marche de Brandebourg 49
  Nouveau Musée.................... 31
  Nouvelle Galerie nationale 83
  Pankow 52
  Pergame 34
  Photographie 95
  RDA.............................. 35
  Schinkel 28
  Stasi 56
Museum Berggruen 101
Museum für Fotografie 95
Museum für Naturkunde 18
Museum Haus
  am Checkpoint Charlie............63
Museum Pankow 52
Museumsinsel......................30

N

National Denkmal für die
  Befreiungskriege 70
Neue Nationalgalerie 83
Neues Kranzler-Eck................94
Neues Museum......................31
Neue Synagoge 41
Neue Wache........................25
Neukölln 72

INDEX

Newton, Helmut 95,
Nikolaikirche 48
Nikolaiviertel 48
Nouveau Corps de garde 25
Nouvel, Jean 60
Nouvelle Monnaie 49
Nouvelle Synagogue 41
Nuit de cristal 157
Numéros d'urgence 142

O

Oberbaumbrücke 57
Oberbaumcity 57
Offiziers-Kasernen der
« Gardes du corps » 100
Opéra-Comique 22
Opéra national Unter den Linden 24
Opernpalais 27
Oranienstraße 65

P

Palais des Princesses 27
Palais du Prince héritier 26
Palais Ephraim 49
Palais Schwerin 49
Palast der Republik 36
Parc de Friedrichshain 56
Pariser Platz 19
Paris, place de 19
Paul-Löbe-Haus 17
Pergamonmuseum 34
Philharmonie 83
Piano, Renzo 76
Place du château 36
Place du Gendarmenmarkt 59
Place du Pont aérien 73
Platz der Luftbrücke 73
Pont de l'Oberbaum 57
Pont du Château 28
Poste 143
Potsdam
  Alter Markt 105
  Bildergalerie et Neue Kammern 106
  Filmmuseum Potsdam 104
  Holländisches Viertel 105
  Neuer Markt 104
  Neues Palais 106
  Orangerie Schloss 106
  Schloss Sans Souci 105
Potsdam, conférence 154
Potsdamer Platz 75
Pourboire 143
Prenzlauer Berg, quartier 50, 53
Presse 143
Prinzessinnengarten 66
Prinzessinnenpalais 27

Q

Quai de la Marche 49
Quartier DaimlerChrysler 76
Quartier des arts de Béthanie 66
Quartier Hansa 88
Quartiers 205 et 206 60

R

Reichstag 14
Reichstag, incendie 16
Reinhardt, Max 163
Reiterdenkmal
 Friedrich des Großen 23
Rendez-vous annuels 149
RER (S-Bahn) 145
Restauration 110, 134, 143
Reuterkiez 74
Riehmers Hofgarten 70
Rixdorf 74
Rogers, Sir Richard 79
Rotes Rathaus 44
Ruban de la Fédération 17

S

Sammlung Boros 17
Sattler 75
Savignyplatz 96
S-Bahn-Bögen 96
Schabowski, Günther 158

INDEX

Scharoun, Hans 83
Scheunenviertel....................37
Schinkel, Karl Friedrich .. 25, 28, 30, 59, 70, 155, 164
Schinkelmuseum 28
Schlange 90
Schloss Bellevue 88
Schlossbrücke 28
Schloss Charlottenburg 97
Schloss Köpenick..................107
Schlossplatz 36
Schlüter, Andreas 25
Sello, Justus Ehrenreich...........87
Shell-Haus 86
Shopping..........................124
Siedlung Neutempelhof..............73
Siège national de la CDU...........84
Siegessäule........................88
SO 36 66
Sony Center 75
Sophienkirche 42
Sophienstraße 42
Sortir 130
Sowjetisches Ehrenmal 58
Spielbank..........................78
Spymuseum 79
Squats 165
Staatsbibliothek...................23
Staatsoper Unter den Linden 24
Stage Theater......................78
Stasi Museum 56
Statue équestre de Frédéric II 23
St. Hedwigs-Kathedrale.............24
St. Marienkirche...................44
Stolpersteine 42
Stüler, Friedrich August...........31
SW 61 66
Synagogue Rykestraße 52

T

Tabac 144
Tacheles..........................165
Tag der deutschen Einheit 150
Tauentzienstraße...................91
Taxi..............................144
Techno............................166
Téléphone 144
Tempelhof, ancien aéroport 72
Tempodrom 64
Theater des Westens 95
Theatertreffen 149
Théâtre de l'Ouest 95
Tiergarten 87
Topographie des Terror 63
Tour de la Télévision..............44
Tours Rogers 79
Train 140
Tränenpalast......................22
Transports en commun 145

U

U-Bahn (métro) 145
Ungers, Oswald Mathias 60
Unter den Linden...................22
Urbanisme.........................155

V

Vélo 146, 148
Vélotaxi..........................147
Versunkene Bibliothek..............24
Viktoriapark 70
Visites guidées...................147
Volkspark Friedrichshain...........56

W

Wansee, conférence de 157
Wasserturm 50
Wegener, Paul 163
Wilhelminisme 156

Z

Zionskirche 53
Zoo-aquarium 87
Zoologischer Garten................87

Collection Le Guide Vert sous la responsabilité de Philippe Orain

Édition	Françoise Rault, Aude Gandiol
Rédaction	Jean-Charles Pharamond, Annabelle Georgen, Aurélia Bollé, Cécile Bouché-Gall, Clarisse Bouillet, Tiphaine Cariou, Laurent Gontier, Guylaine Idoux, Régis Présent-Griot
Cartographie	Géraldine Deplante, Thierry Lemasson, Mihăiță-Cristian Constantin, Florica Paizs, Daniel Duguay Plans de ville : © MICHELIN et © 2006-2015 TomTom. All rights reserved. This material is proprietary and the subject of copyright protection, database right protection and other intellectual property rights owned by TomTom or its suppliers. The use of this material is subject to the terms of a license agreement. Any unauthorized copying or disclosure of this material will lead to criminal and civil liabilities
Relecture	Marion Enguehard
Remerciements	Till Palme de l'office national du tourisme allemand, Visit Berlin, Didier Broussard, Maria Gaspar
Conception graphique	Laurent Muller (couverture et maquette intérieure)
Régie publicitaire et partenariats	business-solutions@tp.michelin.com *Le contenu des pages de publicité insérées dans ce guide n'engage que la responsabilité des annonceurs.*
Contacts	Michelin Guides Touristiques 27 cours de l'Île-Seguin, 92100 Boulogne-Billancourt Service consommateurs : tourisme@tp.michelin.com **Parution 2017**

Crédits photographiques p. 4-5
(de gauche à droite et de haut en bas)

L. Maisant/hemis.fr
F. Guiziou/hemis.fr
R. Mattes/hemis.fr
P. Griesbach/Zoo Berlin
PHAS/Universal Images Group Editorial/Getty Images
B. Gardel/hemis.fr
J. Arnold/hemis.fr
J. Peral/age fotostock
M. Borgese/hemis.fr

Michelin Travel Partner
Société par actions simplifiées au capital de 11 288 880 EUR
27 cours de l'Île-Seguin - 92100 Boulogne-Billancourt (France)
R.C.S. Nanterre 433 677 721

Toute reproduction, même partielle et quel qu'en soit le support,
est interdite sans autorisation préalable de l'éditeur.

© Michelin, Propriétaires-éditeurs
Dépôt légal : 09-2016 – ISSN 0293-9436
Compograveur : IGS-CP, L'Isle-d'Espagnac
Imprimeur : Geers Offset, Gent (Belgique)
Imprimé en Belgique : 09-2016

Usine certifiée 14001
Sur du papier issu de forêts gérées durablement (100 % PEFC)

Le guide MICHELIN
A dévorer d'urgence

Plus de **8000 adresses** dans toute la France.
Disponible dans toutes les bonnes librairies.